한병구 재활 라켓볼

한병구 재활 라켓볼

초판 1쇄 인쇄 2018년 06월 12일
초판 1쇄 발행 2018년 06월 19일
지은이 한병구

펴낸이 김양수
디자인 이정은
교정교열 박순옥

펴낸곳 도서출판 맑은샘
출판등록 제2012-000035
주소 경기도 고양시 일산서구 중앙로 1456(주엽동) 서현프라자 604호
전화 031) 906-5006
팩스 031) 906-5079
홈페이지 www.booksam.kr

ISBN 979-11-5778-290-1 (03690)

장애인과 비장애인이 함께 즐기는 건강하고 행복한 스포츠

한병구
재활 라켓볼

맑은샘

세계 최초 라켓볼
재활치료 적용 사례를 담다

이 책에는 세계 최초로 라켓볼을 재활치료에 적용한 사례가 담겨있다.

라켓볼 운동이 가지고 있는 다양한 특성을 활용하여 '라켓볼을 재활치료에 응용할 수 있는가'라는 의문에 대한 요건의 사실을 실험 연구한 결과를 수록하여 라켓볼이 재활치료에 미치는 영향과 효과의 사례를 알리고 보급하고자 하는 데 목적을 두었다.

재활 라켓볼 치료의 대상은 자폐성 장애, 지적 장애, 주의력 결핍, 과잉 행동, 뇌병변, 등 발달장애(정신적 장애)를 주로 범주에 두었으며, 대부분 뇌 신경계에 관련된 대상자를 중심으로 연구하였다.

또한, 라켓볼을 처음 배우려는 사람들과 일선 지도자들을 위하여 라켓볼에 필요한 기본적인 이론과 실제 경기에 필요한 다양한 내용들, 국제대회 및 각종 경기의 실질적 경기 장면들을 사진으로 표현하여 누구나 쉽게 이해할 수 있도록 하였다.

라켓볼 재활치료의 효과는 발달장애 관련뿐만 아니라 일반 비장애인들에게도 유산소 운동으로서 민첩성과 순발력, 심폐기능과 스트레스 해소는 물론 성인병 예방에도 효과적인 운동으로 알려지고 있다.

라켓볼은 도시형 스포츠로서 복잡한 삶을 살아가는 현대인들에게 예방의학적 차원에서 운동부족으로 인한 무기력과 우울증 등 과다한 스트레스를 해소하고 극복할 수 있는 운동이라 할 수 있으며, 현대인들의 욕구를 충족시킬 수 있는 요건을 갖춘 과학적인 두뇌계발 스포츠로 많은 관심과 연구의 대상이 되고 있다. 또한, 라켓볼의 장점은 경기 방법이 간단하여 남녀노소 누구나 쉽게 배울 수 있고 일시와 관계없이 언제든지 즐길 수 있으며, 짧은 시간에 많은 에너지와 젊음을 발산할 수 있는 콘크리트 속의 유일한 도시형 스포츠로서 바쁘게 생활하는 현대인들을 위한 스포츠라 할 수 있다.

재활 라켓볼의 3대 계발이라 할 수 있는 두뇌계발, 통합적 감각계발, 신체적 기능계발을 통하여 재활 라켓볼 치료의 효과가 생성된다고 할 수 있다.

위와 같이 라켓볼 운동이 가지고 있는 다양한 특성 자체가 두뇌를 자극할만한 충분한 요소를 갖고 있어 재활치료에 효과적이라 할 수 있다.

저자의 작은 연구를 통한 재활 라켓볼 치료의 사례가 발달장애의 영역뿐만이 아니라 다른 분야의 영역에서도 확산하기를 바라며 장애인과 비장애인이 함께 즐길 수 있는 건강하고 행복한 세상을 꿈꾸어본다.

끝으로 이 책을 위하여 도와주신 국제라켓볼연맹 부회장이며 아시아라켓볼연맹 회장이신 조왕기 내과의원 원장님과 영화배우 박중훈, 대한라켓볼협회 강근영 회장, 서울시 라켓볼협회 김수임 회장, 경기도 라켓볼협회 박병진 회장, 대구광역시 라켓볼협회 권말희 회장, 울산광역시 라켓볼협회 권영혁 회장, 고양시 라켓볼협회 서석 회장, 유다은 앵커, 강원대학교 김제원 교수, 어울림 심리발달센터 김태홍 원장님께 감사를 드리며, 언제나 아낌없는 격려와 성원을 보내주신 재활 라켓볼 아카데미 학부모님들과 홀트 운영위원 김태경 학부모 회장, 고양체육관 관계자 여러분께 감사를 드린다. 또한 이 모든 것이 협력하여 선을 이루게 하신 하나님의 은혜에 감사드린다.

2018년 6월
한병구

차례

머리말 **세계 최초 라켓볼 재활치료 적용 사례를 담다** ·············· 004

제1장 **재활 라켓볼** ··· 009
재활 라켓볼의 시초 | 재활 라켓볼의 정의 | 라켓볼이 두뇌계발에 미치는 효과 | 공이 재활치료에 미치는 영향성 | 라켓이 재활치료에 미치는 영향성 | 라켓볼 코트가 재활치료에 미치는 영향성

제2장 **재활 라켓볼 학습방식과 학습 단계** ······················· 017
재활 라켓볼 학습방식 | 재활 라켓볼 학습 단계

제3장 **재활 라켓볼 연구 사례** ································· 021
재활 라켓볼 연구 사례의 개요 | 라켓볼이 재활치료에 미치는 반응과 효과의 사례 (연구자의 관점에서) | 라켓볼이 재활치료에 미치는 효과의 사례 (학부모의 개별적 관점에서) | 라켓볼이 재활치료에 미치는 효과의 사례 (설문조사를 통한 통계적 관점에서) | 설문조사를 위한 설문지 문항 내용

제4장 **라켓볼의 역사** ··· 057
라켓볼의 기원과 발달 | 한국 라켓볼의 역사

제5장 **라켓볼 장비** ··· 067
라켓 | 볼 | 장갑 | 눈 보호안경 | 스트링 | 유니폼

제6장 **라켓볼 코트** ·· 073

코트의 종류 | 코트의 일반적 구조 | 코트의 치수 및 허용치

제7장 **라켓볼 경기** ·· 085

경기 | 경기의 방법 | 힌더 | 스크린 서브의 판정 | 어필 | 타임아웃 | 단식 | 컷 스로우트 | 복식 | 심판과 라인즈맨

제8장 **라켓볼 기술** ·· 095

그립 | 스트로크 | 서브 | 샷

제9장 **경기의 전략** ·· 131

단식의 전략 | 복식의 전략 | 센터 코트의 전술

제10장 **라켓볼의 10원칙** ·· 139

초급자를 위한 10원칙 | 중급자를 위한 10원칙 | 상급자를 위한 10원칙 | 경기를 위한 10원칙

제11장 **라켓볼의 매너** ·· 147

선수의 매너 | 관중의 매너

제12장 **라켓볼 연습 방법** ·· 153

개인 연습 | 파트너와의 연습 | 스텝과 스텐스 | 코트를 이용한 트레이닝

제13장 준비운동과 스트레칭 · 168

목 스트레칭 | 손목 스트레칭 | 발목 스트레칭 | 팔과 어깨 스트레칭 | 다리 스트레칭 | 허리와
등 스트레칭 | 엉덩이와 몸통 스트레칭

제14장 웨이트 트레이닝 · 177

웨이트 트레이닝과 상해 예방 | 웨이트 트레이닝의 방법과 효과

제15장 경기 규칙 · 189

경기 | 코트와 장비 | 경기의 진행 | 경기 규칙 | 휠체어 | 수정된 규칙

부록 **팸플릿으로 보는 라켓볼 역사** · 223
용어집 **용어 해설** · 233

제1장
재활 라켓볼

재활 라켓볼의 시초

세계 최초로 재활 라켓볼이 시작된 곳은 한국이며 그 시초는 초대 한국라켓볼챔피언이며 한국라켓볼협회 설립자인 한병구에 의해서 개발되었다.

그가 장애인 라켓볼에 관심을 갖게 된 동기는 1990년 8월 3일 베네수엘라 카라카스에서 개최된 제5회 세계라켓볼선수권대회에 한국 대표선수로 참가하여 휠체어 라켓볼 선수들을 접한 뒤, 대표선수 생활이 끝나면 장애인을 위한 장애인 라켓볼을 시작하겠다고 다짐한 것이었다.

그 후 그는 2010년 사회복지학을 공부하게 되는데 그때부터 장애인 체육과 재활치료에 많은 관심과 애정을 갖게 되었으며, 특히 발달장애(정신적 장애) 분야 뇌 신경계에 관련한 재활치료를 목적으로 라켓볼을 연구 개발하기 시작하였다.

1990년 8월 제5회 세계라켓볼선수권대회
휠체어 선수들과 함께(베네수엘라 카라카스)

고양시 고양체육관 전경

학습방식으로는 라켓볼 운동의 특수성을 활용하여 시각, 청각, 지각, 감각, 공간 인지능력 등 신체적, 정신적, 심리적, 학습방식을 통하여 신경과 감각에 자극을 주어 반응을 이끌어내는 방식과, 각종 트레이닝을 접목하는 방식으로 재활 라켓볼 아카데미 프로그램을 개발하여 2014년 10월 고양시 고양체육관에서 처음으로 재활 라켓볼을 시작하였다. 이것이 세계 최초 재활 라켓볼의 태동이라 할 수 있다.

2016년 YMCA 청소년 라켓볼대회 경기 장면(유준 선수)

　재활 라켓볼은 고양시 홀트학교 5학년 유준 학생으로 처음 시작되었고, 그 후 재활 치료 효과가 알려지기 시작하면서 많은 장애 청소년들과 성인들에 이르기까지 참여하기 시작하였다.

2016년 2월 서울특별시 서초구 YMCA 청소년 라켓볼 대회 고양체육관 소속 수상자

　재활 라켓볼의 처음 성공 사례로는 2016년 YMCA 청소년 라켓볼 대회에서 홀트학교 유준(자폐성 장애 2급)과 국제컨벤션 고등학교의 박영재(지적장애 1급)가 각각 3위에 입상한 것이었고, 그때부터 각종 장애단체와 많은 사람들이 재활 라켓볼에 관심을 갖게 되었다. 또한 재활 라켓볼을 하는 일부 학생들은 직장에 취직하면서 직장생활을 하는 학생들이 늘어나고 있다.

짧은 시간에 재활 라켓볼의 효과가 알려지면서 빠르게 활성화가 이루어지고 있다. 하지만 그 수요를 제한할 수밖에 없는 현실이 안타깝기만 하다. 하루속히 장애인을 위한 재활 라켓볼 치료가 우리나라는 물론 세계적으로 보급이 되어 장애인과 비장애인이 차별 없이 함께 즐길 수 있는 건강하고 행복한 세상이 되기를 꿈꾸어 본다.

장애인 라켓볼 활성화를 위하여 라켓볼 코트의 확충과 재활 라켓볼 지도자 양성을 위하여 재활 라켓볼 협회를 추진 중에 있다.

재활 라켓볼의 정의

재활 라켓볼의 정의란? 라켓볼 운동을 통해서 재활치료를 한다는 의미이다.

재활치료 방식은 라켓볼 운동이 가지고 있는 특성을 응용하여 대상자에게 학습하는 방식을 말하며 라켓볼의 3대 요소라 할 수 있는 라켓볼 코트, 라켓볼 장비, 라켓볼 경기방식 등을 들 수 있다.

이 3대 요소를 활용하여 라켓볼 기능을 향상시키는 과정을 통해서 최적의 신체적, 감각적, 지능적, 심리적, 사회적 기능의 효과를 높여주는 학습의 과정이라 할 수 있다.

라켓볼이 두뇌 계발에 미치는 효과

라켓볼 운동은 사람의 두뇌를 자극할만한 충분한 요소를 갖고 있는 과학적인 두뇌 계발 스포츠로 알려지고 있다. 이미 미 공군, NASA, 공군사관학교, 특수부대, 각종 연구소, 관공서, 학교, 사회체육 등 다양한 분야에서 엘리트 체육으로 활용되고 있다. 그 이유는 단순히 신체적 특성화뿐 아니라 두뇌 계발에 효과가 있기 때문이다.

특히 라켓볼은 테니스나 배구처럼 네트의 장애나 공이 밖으로 나가는 일이 없다.

라켓볼은 직육면체(길이 12.2m, 넓이 6.1m, 높이 6.1m)의 공간 안에서 6면을 이용하여 상대와 번갈아 치는 운동으로서 공격과 수비가 동시에 이루어지기 때문에 빠른 판단력과 예측력을 필요로 한다. 또한, 운동의 특성상 통합적 감각을 일깨워줄 수 있는 운동신경과 각종 반사기능을 통하여 두뇌의 균형적인 발달을 도모하고 시각, 지각, 청각, 감각, 공간인지 능력은 물론 행동교정에 큰 효과를 보고 있다.

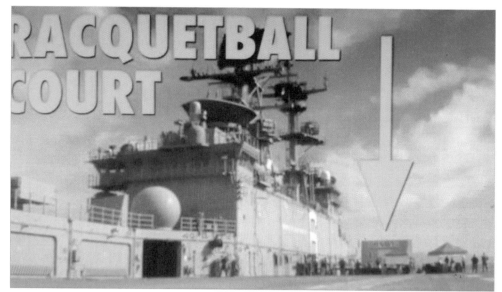

항공모함 위에 설치된 라켓볼 코트

자폐성 장애인이나 지적 장애인이 라켓볼을 시작하여 경기를 할 수 있는 수준에 도달 할 수 있다면 이는 단순한 반복적 학습에 의한 것이라기보다는 라켓볼에 관한 전반적인 지식이나 원리를 이해한다고 볼 수 있고, 사회성이나 어휘력, 판단력과 예측력 등 행동의 모든 측면에서 효과를 본다고 할 수 있을 것이다.

공이 재활 치료에 미치는 영향성

사람이나 동물이나 공을 갖고 노는 것을 싫어하지 않는 것 같다. 그 이유를 정확히 알 순 없지만 나름대로 생각해보면 공이 가지고 있는 특성 즉 둥근 형태에 대한 친밀감과 공의 색상에 따른 다양한 느낌, 공의 크기나 무게에 따라 다른 다양한 탄성의 변화가 요인이라 생각한다.

공은 공 자체가 사람의 신체 일부에 직접 접촉하여 즐기는(축구, 배구, 농구, 핸드볼 등) 운동 종목과, 장비를 사용하여 타구하는 방식의(테니스, 배드민턴, 탁구 등) 운동 종목으로 나누어진다.

일반적으로 구기운동 종목 중 테니스나 배구, 탁구는 평면성과 네트를 이용한 직선적 패턴과 상대와 주고받는 리턴 형식으로 경기가 이루어진다.

　반면에 라켓볼(공의 무게는 약 40g이며, 직경은 5.7cm)은 작고 탄성이 좋아 적은 힘으로도 스피드를 맛볼 수 있기 때문에 남녀노소 누구나 쉽게 배울 수 있고, 네트의 장애나 공이 밖으로 나가는 일이 없기 때문에 자신이 타구한 샷의 에너지가 100% 표출되는 장점을 갖고 있다. 또한, 라켓볼 공이 벽면에 맞을 때의 소리는 경쾌한 청량감을 주어 스트레스 해소와 정신건강에 좋은 영향을 미친다. 구기 운동 중에서 소리를 통한 치료의 효과를 얻을 수 있는 운동은 라켓볼이 유일할 것이다.

　라켓볼 공이 주는 치료적 효과는 시각, 청각, 공간인지 능력 등 공의 각도와 스피드에 따른 운동성의 변화에 따라 다양한 자극을 유도하여 감각을 깨우는 치료 효과를 가져 올 수 있다.

라켓볼 공의 다양한 색상

라켓이 재활 치료에 미치는 영향성

라켓이 재활치료에 미치는 영향성은 어떠한 것들이 있을까?

　라켓볼 운동은 공을 손이나 발을 직접 사용하지 않고 라켓을 이용하여 타구하는 방식으로 직육면체의 밀폐된 공간 속에서 경기를 한다. 단 이때에 공을 한번 바운드나 노바운드로 반드시 전면을 한번 맞추어야 한다. 전면에 맞추지 못하면 점수를 잃거나 서브권을 잃게 된다.

　라켓이 재활 치료에 미치는 영향성은 라켓의 무게나 크기, 그 형체를 운전한다는 자부심과 어떠한 장비의 형체를 가지고 살아있는 공을 정확하게 타구할 때의 느낌이 바로 성취감으로 연결된다.

라켓은 자동차의 방향과 각도를 결정하는 핸들과 같아서 다양한 코스를 선택하고 결정하는 중요한 역할을 한다. 낚시하는 사람에게 낚시하는 이유를 물어보면 여러 가지 이유가 있지만, 한결같은 공통된 말은 물고기가 먹이를 물었을 때의 그 무게감의 짜릿한 손맛을 이야기한다. 그 손맛은 말로 표현할 수 없다고 한다.

라켓볼 라켓의 다양한 종류

라켓볼의 매력도 공을 타구하는 임팩트의 손맛과 스피드에 의한 청량감, 벽면에 부딪칠 때의 경쾌한 소리가 일치되어 정확하게 표적에 적중되었을 때 스트레스는 물론 자신감과 성취감을 향상시키는 치료적 효과가 있다.

라켓볼 코트가 재활치료에 미치는 영향성

어떠한 스포츠 종목에서도 찾아볼 수 없는 특성을 가지고 있는 스포츠 종목이 라켓볼이라 할 수 있다.

먼저 라켓볼 코트가 재활치료에 미치는 영향성을 말한다면 라켓볼 코트가 가지고 있는 구조적 특성을 들 수 있을 것이다.

라켓볼 코트는 길이 12.2m, 넓이 6.1m, 높이 6.1m의 직육면체의 공간으로 이루어져 있고 재질은 패널 재질과 강화유리 또는 아크릴 재질을 주로 사용한다.

라켓볼 코트가 재활치료에 미치

중계방송용 코트

는 영향성이라 하면 코트가 가지고 있는 직육면체의 밀폐된 공간성을 들 수 있다. 직육면체의 공간 속에서 6면을 전부 사용하기 때문에 공의 방향에 따라 당구의 3쿠션과 같이 다양한 각도에 따른 다양한 변화에 대해 빠르게 판단하고 예측하는 기능을 통하여 결정력 향상을 제공한다.

여기에서 결정력이라 함은 공의 스피드, 각도, 높이, 거리, 임팩트의 과정에 이르기까지 정확한 계산이 되어야 한다는 것이 전제되어야 한다.

또한 천장을 이용하여 샷을 할 때에는 공의 각도와 스피드

라켓볼 코트

에 따라서 바닥을 맞고 튀어 오르거나 뒷벽에 맞고 튀어나오는 반발력에 대한 타점을 만들어 내는 속도와 거리감의 측정 능력이 감각과 공간인지 능력을 향상시켜 주는 요소를 제공한다.

따라서 라켓볼 코트가 재활치료에 미치는 영향성은 테니스나 배드민턴의 직선적 방향성의 패턴과는 달리 당구의 3쿠션과 같이 좌우 360도 회전과 함께 천장과 바닥, 전면과 후면, 측면과 측면의 직육면체의 방향에서 쉴 새 없이 날아오기 때문에 두뇌 회전을 빠르게 자극하여 두뇌 계발을 향상시키는 효과가 있다.

이를 증명하는 것은 미군 항공모함이나 공군사관학교에서는 체력 향상과 공군 전투력 향상을 위해서 라켓볼을 정규 수업에 반영하고 있다. 또한, 공군 부대가 있는 곳은 반드시 라켓볼 코트 시설이 갖추어져 있다는 점을 들 수 있다.

제2장
재활 라켓볼
학습방식과 학습 단계

재활 라켓볼 학습방식

재활 라켓볼 학습방식은 일반적인 학습방식과는 다르다. 즉 일반적인 대상자들의 학습방식은 기초부터 이론과 기본 기술을 중요시하여 반복과 주입방식으로 진행된다. 그러나 재활 라켓볼 학습방식은 일반적인 학습방식과는 다르게 자발적이고 본능적인 반응을 유도해 내는 방식으로 진행한다.

재활 라켓볼 학습의 성공 여부는 대상자가 얼마나 많은 관심과 흥미를 느끼느냐에 달려있다. 따라서 재활 라켓볼 학습은 쉽고 부담 없이 적응할 수 있도록 자신의 신체적 적응능력에 따라 본능적인 반응을 유도하여 본인 스스로 느끼고 반응하는 신체적 감각을 정립하여 하나의 샷을 완성시키는 단계를 의미한다.

재활 라켓볼 학습 단계

(1) 상담
상담을 통하여 대상자에 대한 정보 수집과 문제점 등 특성을 파악한다.

(2) 평가
간단한 신체활동을 통하여 운동능력과 인지능력을 평가한다. 라켓볼 운동을 통하여 감각과 반응에 대한 개별적 능력을 평가한다.

(3) 분석
평가에 대한 분석과 그룹지도를 통하여 대상자들 간에 행동이나 언어 표정 등을 관찰하며 심리적 상태를 분석한다.

⑷ **적용**

관찰과 분석의 내용을 개별적 교육과정에 반영하여 적용한다.

⑸ **결과**

관찰과 분석의 내용을 적용한 대상자에 대한 변화와 재활치료의 효과를 정리하여 기록한다.

다시 학습 단계인 상담, 평가, 분석, 적용, 결과 순으로 진행하여 또 다른 분야의 변화와 재활 치료의 효과를 정리하여 기록하는 지속적인 방식으로 진행한다.

⑹ **사례 연구**

재활 라켓볼 치료 효과 대상자들에 대한 개별적 집중 연구와 치료 효과에 대한 분야별 내용을 집중분석 연구하여 재활 라켓볼 학습방식과 치료의 효과를 극대화한다.

Rehabilitation Racquetball

제3장
재활 라켓볼
연구 사례

재활 라켓볼의 연구 사례는 연구자가 라켓볼 강습과정에서 대상자의 신체적, 정신적, 심리적, 사회성 등 대상자가 가지고 있는 특성의 변화과정을 관찰 분석한 것이다. 대상자의 초기 반응의 상황과 교육과정을 통하여 변화되는 상황의 효과에 관한 내용, 처음 시작하기 전의 상황과 교육과정 후에 변화된 치료 효과를 대상자의 부모님들을 대상으로 조사하여 개별적 사례를 모아 기록하였다. 또한 재활 라켓볼 아카데미 학생들의 전체적 사례 효과를 통계적으로 알아보기 위하여 설문조사를 한 결과를 연구 사례로 기록하였다. 연구자의 사례와 부모님들의 사례, 설문지를 활용한 통합적 통계의 연구 사례를 통하여 라켓볼이 재활치료에 미치는 효과에 관한 사실을 규명하고자 하였다.

재활 라켓볼 연구 사례의 개요

(1) **연구주제** : 라켓볼이 재활치료에 미치는 효과에 관한 연구

(2) **연구기간** : 2014년 10월~2017년 12월

(3) **연구장소** : 고양체육관 라켓볼장

(4) **연구대상** : 발달장애(자폐성장애, 지적장애, 뇌병변, 뇌전증) 등

(5) **연구방법**
① 연구자의 재활 라켓볼 강습을 통한 자극과 반응에 대한 변화를 관찰 분석하는 방식
② 대상자 부모들이 느끼는 개별적인 치료 효과에 관한 사례를 분석 기록하는 방식
③ 설문지를 활용한 통합적 통계의 연구방식

⑹ **연구 대상자 소속**

　홀트 학교, 자운 학교, 가좌 초등학교, 문화 초등학교, 신촌 초등학교, 운정 초등학교, 두일 초등학교, 한수 초등학교, 대운 초등학교, 백마 중학교, 국제컨벤션 고등학교, 정발 고등학교, 아람 장애인지원센터, 사회적기업 장터, 덕양구청 카페, 아가페 장애평생교육원, 설문동 장애인직업재활원 등

⑺ **연구대상자 연령대** : 10세 미만부터 25세 미만의 남녀

⑻ **연구 참여 인원** : 58명 중, 남자 54명, 여자 4명

⑼ **연구사례 공개 여부**

① 58명 중 공개 18명: 자폐성장애 1급 4명, 자폐성장애 2급 10명, 자폐성장애 3급 1명, 지적 장애 1급 1명, 지적 장애 2급 1명, 뇌 병변 1명

② 58명 중 비공개 12명: 자폐성장애 1급 1명, 자폐성장애 2급 5명, 지적장애 1급 1명, 지적장애 2급 3명, 언어장애 1명, 뇌전증 1명

③ 58명 중 설문지 28명: 자폐성장애 1급 9명, 자폐성장애 2급 7명, 자폐성장애 3급 3명, 자폐성장애 4급 1명, 지적장애 1급 1명, 지적장애 2급 6명, 지적장애 3급 1명

⑽ **연구 사례의 효과 내용**

　표정이 밝아짐 / 자신감이 생김 / 집중력이 좋아짐 / 운동능력이 좋아짐 / 언어적 과잉성이 줄어듦 / 짜증과 신경질이 줄어듦 / 예측력이 좋아짐 / 인내심이 좋아짐 / 사회성이 좋아짐 / 혼자서 한 시간 이상 즐겁게 즐기면서 운동함 / 움직임이 많아짐 / 체력이 향상됨 / 집중력의 한계성을 극복함 / 라켓볼 운동이 좋아짐 / 감정조절 능력이 향상됨 / 소리 지름이 줄어듦 / 지시에 수용함 / 언어 표현력이 다양해짐 / 분노 조절 능력이 좋아짐 / 지시를 빠르게 이해하고 실행에 옮기는 기능이 많이 향상됨 / 귀를 막는 증상이 없어짐 / 시 지각 발달이 향상됨 / 즐거운 여가를 보낼 수 있게 됨 / 언어 수용성이 매우 좋아짐 / 직접적인 표현력이 좋아짐 / 손발 협응이 좋아짐 / 단체 수업을 통한 줄서기와 기다리기가 좋아짐 / 산만함이 줄어듦 / 움직임이 빨라짐 / 좌우균

형이 좋아짐 / 신체조절능력이 향상됨 / 의식조절능력이 향상됨 / 시선의 폭이 넓어짐 / 움직임에 대해 자신감이 생김 / 과잉행동이 줄어듦 / 강박관념이 좋아짐 / 공간 인지능력이 향상됨 / 반사 신경이 좋아짐 / 판단력이 좋아짐 / 응용능력이 좋아짐

신체적인 효과는 근력, 지구력, 순발력, 유연성이 좋아졌다 / 신진대사가 좋아졌다 / 스스로 연습 공을 바구니에 주워담을 줄 안다 / 경청하는 것이 좋아졌다 / 가만히 앉아 있기가 좋아졌다 / 지나치게 뛰거나 달리는 행동이 줄었다 / 자해 행동이 좋아졌다 / 상동 행동이 줄었다 / 공격성이 줄었다 / 방향감각이 좋아졌다 / 일반 아이들처럼 일상적인 행동을 모방하게 되었다 /언어 자극으로 다른 아이에게 대화를 유도하고 의사소통을 터득하게 되었다 / 사회성 발달로 다른 친구들의 행동과 언어의 감정을 이해하기 시작했다 / 잠재되어 있던 운동신경과 감각에 반응하는 적응능력이 생성되었다.

라켓볼이 재활치료에 미치는 반응과 효과의 사례 (연구자의 관점에서)

라켓볼 강습을 통하여 연구자가 의도적으로 자극을 유도하는 과정에서 나타나는 처음 상황에 대하여 대상자가 반응하는 현상과, 훈련 과정을 통해서 스스로 깨닫고 극복하면서 나타나는 효과에 관한 사례의 내용들을 기록하였다.

(1) 공에 대한 소리
① 반응
- 상기된 얼굴로 찡그린다.
- 놀라서 소리를 지른다.
- 코너로 피한다.
- 겁에 질려 움직이지 않는다.
- 양손으로 귀를 막는다.

② 효과
- 얼굴을 찌푸리지 않는다.
- 놀라지도 않고 소리를 지르지도 않는다.

◦ 코너로 피하지 않는다.

◦ 겁에 질리지도 않으며 움직임이 자연스럽다.

◦ 양손으로 귀를 막지 않는다.

③ 정리

자신이 친 볼이 전면을 맞고 소리가 크게 날수록 쾌감과 함께 즐거운 표정으로 스트레스를 해소하며, 소리에 대한 공포감과 두려움을 극복하고 자존감과 성취감을 충족시켜준다.

(2) 공에 대한 감각

① 반응

◦ 공을 던져줄 때 반응하는 감각이 작동하지 않는다.

◦ 공이 날아올 때 헛스윙을 한다.

◦ 공이 날아오는 속도에 대한 측정이 어렵다.

◦ 공의 바운드에 대한 높고 낮음에 대한 예측이 어렵다.

◦ 공을 타구하는 타점에 대한 정확성이 떨어진다.

② 효과

◦ 공에 대한 반응과 감각이 작동한다.

◦ 공이 날아올 때 헛스윙을 하지 않는다.

◦ 공이 날아오는 속도에 대한 측정이 가능하다.

◦ 공의 바운드에 대한 높고 낮음에 대한 예측이 가능하다.

◦ 공을 타구하는 타점에 대한 정확성이 높아졌다.

③ 정리

지속적인 반복훈련을 통해서 반응에 대한 감각이 정립되고 이 정립의 데이터를 통하여 판단력과 예측력이 생성되었다.

⑶ 공에 대한 집중력

① 반응

- 공이 날아가는 방향으로 시선을 집중하지 못한다.
- 공이 천장 방향으로 높이 날아갈 때 시선이 위로 향하지 못한다.
- 공의 각도가 꺾일 때 시선이 다음 방향으로 연결되지 않는다.
- 공이 옆 벽을 맞고 사이드 앵글 방향으로 360° 회전될 때 시선이 따라잡지 못한다.
- 집중력이 짧아서 지속적인 학습의 연장이 어렵다.

② 효과

- 공이 날아가는 방향으로 시선을 집중한다.
- 공이 천장 방향으로 높이 날아갈 때 시선이 위로 향한다.
- 공의 각도가 꺾일 때 시선이 다음 방향으로 연결된다.
- 공이 옆 벽을 맞고 사이드 앵글 방향으로 360° 회전될 때도 시선을 놓치지 않는다.
- 집중력이 길어져 지속적인 학습의 연장이 가능해졌다.

③ 정리

특히 발달장애의 경우 집중력이 약하다. 그러나 다양한 각도에 대한 훈련을 통해서 집중력이 길러지고 이 집중력은 재활 라켓볼을 가능하게 해주는 첫 번째 관문이기도 하다.

⑷ 공이 몸에 맞을 때

① 반응

- 얼굴을 찌푸리고 무서워한다.
- 소리를 지른다.
- 화를 낸다.
- 성질을 내며 안 한다고 코트 밖으로 나가 버린다.

② 효과

- 얼굴을 찌푸리지 않고 무서워하지 않는다.
- 소리를 지르지 않는다.
- 화를 내지 않는다.
- 성질을 내지 않으며 안 한다고 코트 밖으로 나가지 않는다.

③ 정리

공에 대한 두려움과 공포를 극복하여 소리를 지르거나 화를 내지 않는다. 공이 몸쪽으로 날아오면 피하거나 라켓으로 막아내는 반응을 보이며 자신의 신체를 보호하는 본능의 내성이 생성되었다.

⑸ 라켓으로 공을 타구할 때

① 반응

- 자신감이 없어서 공을 치지 못한다.
- 라켓 그립을 힘 있게 쥐지 못한다.
- 라켓이 공에 맞는 순간 공을 치지 못하고 힘을 뺀다.
- 임팩트 시 감각을 느끼지 못한다.

② 효과

- 자신 있게 타구한다.
- 라켓 그립을 힘 있게 쥐고 타구한다.
- 라켓이 공에 맞는 순간에도 공을 힘 있게 끝까지 스윙한다.
- 임팩트 시 정확성과 함께 손맛을 느끼며 즐거워한다.

③ 정리

자신감과 과감성이 발휘되고 스스로 용기를 얻으며 임팩트 시 손맛이라는 감각을 찾게 된다. 이 손맛이 재활 라켓볼을 목표지점으로 이끄는 신비의 에너지가 된다.

⑹ 사회성

① 반응

- 일렬로 줄서기에 대한 개념이 없다.
- 바르게 서지 못하고 옆으로 삐져나온다.
- 순서를 지키지 못한다.
- 상대와 적당한 거리를 유지하지 못하고 부딪친다.
- 동료들과 함께 공을 바구니에 담지 않는다.
- 갑자기 엉뚱한 곳으로 달려간다.
- 고개를 숙이거나 생각에 매몰 되어있다.
- 지시에 대한 반응을 보이지 못한다.
- 억압과 통제에 대한 불만이나 표현이 없다.
- 수업 중 선생님의 감정을 이해하지 못하고 잘못된 행동을 반복한다.

② 효과

- 일렬로 줄서기에 대한 개념이 생성되었다.
- 옆으로 삐져나오지 않고 바르게 서서 기다린다.
- 순서 지키기에 대한 인지가 생성되었다.
- 상대와 적당한 거리를 유지하고 부딪치지 않도록 공간을 확보한다.
- 동료들과 함께 공을 바구니에 담는다.
- 학습에 대한 인식이 생성되어 갑자기 엉뚱한 곳으로 달려가지 않는다.
- 고개를 숙이거나 멍때리지 않고 얼굴을 들고 눈을 마주친다.
- 지시에 대한 반응을 보이기 시작한다.
- 억압과 통제에 대한 불만을 부정어를 사용하여 표현하고 얼굴 표정으로 드러낸다.
- 수업 중 선생님의 감정을 이해하고 잘못된 행동을 반복하지 않는다.

③ 정리

성향이 각각 다른 학습자 5명에서 8명 정도의 그룹훈련을 통하여 줄서기, 기다리기, 순서 지키기, 지시에 따르기 등 인지능력이 생성되어 그룹의 일치감으로 다양한 프로그램을 실행할 수 있는 기본적인 사회성을 구축하게 되었다.

(7) 주의력 결핍과 과잉행동

① 반응

- 경청하지 않는다.
- 산만하다.
- 갑자기 큰 소리를 지른다.
- 지시에 따르지 않고 임무수행을 하지 못한다.
- 차례를 지키지 못한다.
- 인내력이 없다.
- 지나치게 말을 많이 한다.
- 갑자기 일어나거나 뛰거나 점프를 한다.
- 손가락을 쥐었다 폈다를 반복한다.
- 손발을 가만히 두지 않는다.
- 손가락으로 글을 쓰는 행동을 반복한다.
- 화가 나거나 심리적으로 불안하면 머리를 벽에 부딪친다.
- 화가 나거나 심리적으로 불안하면 자신의 팔을 물어뜯는다.
- 동료에 대하여 공격적인 행동을 취한다.
- 화가 나거나 심리적으로 불안하면 자신의 눈을 손가락으로 찌른다.
- 코트 벽면에 침을 뱉는다.

② 효과

- 경청을 한다.
- 산만하지 않다.
- 갑자기 큰소리를 지르지 않는다.
- 지시에 따르며 임무를 수행한다.
- 차례를 지킨다.
- 인내력이 좋아졌다.

○ 지나치게 말을 많이 하지 않는다.

○ 갑자기 일어나거나 뛰거나 점프를 하지 않는다.

○ 손가락을 쥐었다 폈다를 반복하지 않는다.

○ 손발을 가만히 두고 있을 수 있다.

○ 손가락으로 글을 쓰는 행동을 반복하지 않는다.

○ 화가 나거나 심리적으로 불안해도 머리를 벽에 부딪치지 않는다.

○ 화가 나거나 심리적으로 불안해도 자신의 팔을 물어뜯지 않는다.

○ 동료에 대하여 공격적 행동을 취하지 않는다.

○ 화가 나거나 심리적으로 불안해도 자신의 눈을 손가락으로 찌르지 않는다.

○ 코트 벽면에 침을 뱉지 않는다.

③ 정리

재활 라켓볼 훈련을 통해서 신체적 정신적 자극방식으로 스스로의 경험과 인지를 통해서 개별적 행동의 다양성이 하나의 통일된 일치감과 집중력이 생성되어 주의력 결핍과 과잉행동에 대한 효과를 얻을 수 있게 되었다.

⑻ 신체균형

① 반응

○ 우측 동작과 좌측 동작을 구별하지 못하고 한쪽 방향만을 고집한다.

○ 달리기를 할 때에 똑바로 뛰지 못하고 좌우로 치우치며 뛰어간다.

○ 달리기를 할 때에 무릎을 올리면서 뛰지 못하고 엇박자로 점프하면서 달려간다.

○ 점프하면서 손으로 앞발과 뒷발을 번갈아 잡기를 할 때에 손과 발이 균형을 잡지 못한다.

② 효과

○ 우측 동작과 좌측 동작을 구별하여 인지하고 양쪽 방향으로 균형을 잡는다.

○ 달리기를 할 때에 똑바로 뛰어가며 좌우로 치우치지 않고 바르게 뛰어간다.

○ 달리기를 할 때에 무릎을 올리면서 뛰어가고 엇박자로 점프하면서 달리지 않는다.

◦ 점프하면서 손으로 앞발과 뒷발을 번갈아 잡기를 할 때에 손과 발이 균형을 잡
  으며 체공 시 몸의 균형을 유지한다.

③ 정리

다양한 자극적 방식의 트레이닝을 통하여 방향 감각과 인지능력, 전환이나 체공
시 신체균형을 유지하게 되었다.

⑼ **환경에 대한 적응**

① 반응

◦ 밀폐된 코트에 들어가지 못한다.
◦ 코트에 들어왔다가 곧바로 밖으로 나가버린다.
◦ 보호자와 떨어지려고 하지 않는다.
◦ 생소한 환경의 밀폐된 공간에 긴장하며 초조해 한다.
◦ 동료들과 서먹해 한다.

② 효과

◦ 밀폐된 코트에 들어간다.
◦ 코트에 들어왔다가 곧바로 밖으로 나가지 않는다.
◦ 보호자와 자연스럽게 떨어질 수 있다.
◦ 생소한 환경의 밀폐된 공간 안에서도 긴장하며 초조해 하지 않는다.
◦ 친구들과 서먹해 하지 않는다.

③ 정리

밀폐된 코트에 들어가기란 그리 쉬운 일은 아니다. 하지만 밖에서 수업하는 모습
을 견학시키며 스스로 하고 싶은 충동과 흥미를 유발하도록 유도하여 자연스럽게
들어갈 수 있게 되었다.

⑩ **체력**

① 반응

　◦소근육과 대근육이 약해서 라켓 그립을 힘있게 쥐지 못한다.

　◦힘들다고 주저앉는다.

　◦10m도 뛰지 못한다.

　◦심폐기능이 약해서 반복해서 뛰지 못한다.

② 효과

　◦소근육과 대근육이 발달하여 라켓 그립을 힘있게 쥘 수 있다.

　◦수업이 끝날 때까지 힘들다고 주저앉지 않는다.

　◦10m도 뛰지 못했지만, 기본이 100m 이상 쉬지 않고 달릴 수 있다.

　◦심폐기능이 강화되어 반복해서 뛰어도 지치지 않는다.

③ 정리

　신체적 정신적 자극방식을 통한 반복훈련을 통해서 단계적으로 부하를 높여줌으로 체력은 물론 정신력도 함께 향상되었다.

라켓볼이 재활치료에 미치는 효과의 사례 (학부모의 개별적 관점에서)

소개 안녕하세요? 제 이름은 유준입니다. 나이는 14세 소년이고요. 저는 자폐성 장애 2급으로 재활 라켓볼에 도전하게 되었습니다. 그 결과 1년 후 대한라켓볼협회에서 주최한 YMCA 청소년 라켓볼 대회에서 3위에 입상하여 많은 사람들을 놀라게 하였습니다. 전에 저의 모습은 너무나 느려서 거북이와 같았죠. 그런데 지금은 날개 달린 거북이랍니다. 재활 라켓볼은 저의 내면에 잠재되어 있던 잠재력을 깨워준 소중한 친구입니다.

사례 반복적인 행동이 줄고 일반 아이들처럼 일상적인 행동을 모방하게 되었다.

　언어 자극으로 다른 아이에게 대화를 유도하고 의사소통을 터득하게 되었다. 사회성 발달로 다른 친구들의 행동과 언어의 감정을 이해하기 시작했다. 잠재되어 있던 운동신경과 감각에 반응하는 적응능력이 생성되었다.

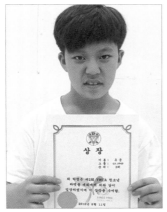

YMCA 청소년 라켓볼대회 3위

YMCA 청소년 라켓볼대회

선생님과 기념사진 촬영

와우~ 흔들리지 않는 집중력

나는 슈퍼팬입니다

유연하게 한 방에 날려버린다

소개 안녕하세요. 제 이름은 최민석. 자폐성 장애 1급, 나이는 16세 꽃미남입니다.

저는 재활 라켓볼을 시작하기 전에는 체력과 집중력이 약해서 구기 운동을 해본 적이 없어요. 그런데 라켓볼을 시작하면서 다른 운동도 쉽게 할 수 있게 되었고요, 혼자서 3시간 동안 라켓볼 운동을 할 수 있게 되었습니다.

사례 처음 시작 할 때는 혼자서도 할 수 있는 운동이라는 점이 마음에 들었는데 혼자서도 한 시간 이상을 즐겁게 즐기면서 하는 운동이 되어서 좋습니다. 이로 인해 체력과 집중력이 좋아졌고 다른 운동을 할 때에도 움직임이 많아진 것 같습니다. 특히 배드민턴을 할 때 몸의 움직임이 자연스러워졌습니다.

이제 슬슬 시작해볼까? 오늘은 혼자서 3시간 기록을 깨보자

이 순간의 짜릿함 누가 알리요

소개 안녕하세요. 제 이름은 유우준. 뇌병변 4급, 시각장애 6급, 나이는 10세, 열정 남입니다. 제가 재활 라켓볼 시작 전에는 걷거나 뛰어갈 때 불안정했어요. 그런데 라켓볼을 시작하면서 신체균형 감각과 체력이 좋아지고 자신감이 생겨서 용감해졌어요.

사례 사회성이 좋아지고 자신감이 생겼다. 신체균형 감각이 좋아졌다.

열정의 사나이 유우준

누구든 덤벼라 한 방에 보내주마

나의 이 유연성에 놀라지 마라

034

소개 안녕하세요? 저는 민준호입니다. 14살이고요, 자폐성 장애 1급으로 재활 라켓볼을 시작한 지 2년이 좀 넘었어요. 처음 시작할 때는 코트에 앉아서 일어나지도 않고요, 공을 치지도 못했어요. 양손으로는 귀를 막고 코너에서 꼼짝하지 않고 겁에 질려 소리만 질렀어요. 그러던 제가 어느 날 라켓볼에 푹 빠지게 되었고 제 몸에 날개가 달린 것처럼 자유롭게 뛰어다닐 수 있어서 넘 행복해요.

사례 청각적으로 예민해서 귀를 막는 경우가 많았으나 라켓볼을 하면서 그런 증상이 없어지고 기본적인 줄서기, 친구들과 차례 지키기 등 살아가면서 꼭 필요한 사회성 발달에도 영향을 받았다. 시·지각 발달에도 긍정적인 영향이 많다. 공을 쫓아가는 노력을 함으로써 시·지각적인 발달은 물론 집중력도 많이 길러지고 엄마가 허용하는 긍정적인 여가활동이 생긴 것만으로도 감사하다. 보통 혼자 있는 시간은 의미 없는 소리내기, 무의미한 줄 놀이를 했지만, 아이도 즐겁게 건전한 여가를 보낼 수 있게 되었다.

준호의 V 인증 샷

임팩트와 함께 기합을 외치며 완벽한 피니쉬

소개 안녕하세요. 저는 이휘범. 자폐성 장애 2급인 8세 어린이입니다. 제가 재활 라켓볼 시작 전에는 재미있는 운동이 없었는데 라켓볼은 너무나 재미있어요.

사례 공치는 것에 흥미를 느끼며 재미있어한다. 자신감과 집중력이 좋아지고 신체기능이 좋아졌다.

라켓이 저보다 크지요?

차례 지켜야지. 공 쳐야지. 줄 서야지. 정신없다. 정신없어

소개 안녕하세요. 제 이름은 김현철. 자폐성 장애 2급, 나이는 13세 소년입니다. 제가 재활 라켓볼을 시작하기 전에는 집중력이 약해서 무엇이든 꾸준히 하질 못했는데 라켓볼을 시작하면서 집중력도 좋아지고 인내심도 좋아졌습니다.

사례 가장 큰 변화는 공을 집중해서 바라보며 쳐야 하기 때문에 꾸준히 한 결과 집중력이 가장 많이 좋아졌다. 언어 표현력이 다양해졌고 지시 사항을 빠르게 이해하고 실행에 옮기는 기능이 많이 향상되었다.

잼 있긴 한데 아~아 힘들에!

이 순간만큼은 집중. 이 짜릿한 손맛을 누가 알리요

소개 안녕하세요? 제 이름은 한지우. 나이는 13세 자폐성 장애 1급으로 재활 라켓볼을 시작하게 되었습니다. 라켓볼을 시작하기 전에는 신체균형이 불완전해서 신체활동을 하는 데 어려움이 있었습니다. 또한, 감정 기복이 심해서 통제와 조절이 쉽지 않았고, 공에 대한 집중력이 짧아서 많은 어려움을 겪었습니다. 그러나 재활 라켓볼 훈련을 통해서 신체와 감정을 조절할 수 있는 능력을 갖게 되어서 정말 기쁘고 감사하게 생각합니다.

사례 시·지각이 좋아져서인지 전반적인 신체활동이 좋아졌으며, 신체균형 및 언어 수용성이 매우 좋아지고. 감정 조절능력이 서서히 좋아지며 표현 언어도 서서히 좋아지고 있다. 과잉행동이 줄어들어 예전에 비해 많이 상승하고 있다. 단체수업을 통한 줄서기, 기다리기 등이 많이 향상되었다. 고음(의미 없는)을 지르는 빈도수가 현저히 줄어들고 상황에 대해 부정어를 사용하는 등 직접적인 표현력이 좋아졌다.

라켓볼은 집중력이 중요해요　　　　　완벽한 백핸드 샷

소개 안녕하세요. 저는 강성권. 자폐성 장애 2급, 나이는 11세입니다. 제가 재활 라켓볼을 시작하기 전에는 상동 행동이 심하고 긴장을 많이 하는 편이었어요. 그런데 지금은 좋아져서 즐겁게 즐기는 운동이 되었습니다.

사례 공을 끝까지 봐야 하고 손과 발을 움직여야 하므로 시·지각 능력과 손발 협응에 도움이 많이 되고 있으며, 그룹 활동을 통한 질서 지키기, 기다리기 등 재활 라켓볼 훈련을 통하여 다양한 활동을 할 수 있게 되어 만족합니다.

샘 나 어때요? 굿~!

우리는 행복한 라켓볼 가족

소개 안녕하세요. 제 이름은 허준서. 자폐성 장애 2급, 나이는 15세입니다. 제가 재활 라켓볼을 시작하기 전에는 신체균형 감각과 모든 일에 자신감이 없어서 힘들었어요. 그런데 재활 라켓볼을 통해서 신체균형 감각과 자신감이 생성되고 집중력까지 좋아졌습니다.

사례 신체조절능력 및 의식조절능력 향상과 표정이 밝아지고 라켓볼을 즐기며 스트레스를 해소한다.

표정관리 들어갑니다

라켓볼 정말 해피합니다

이것이 백 월 샷이라고 합니다

소개 안녕하세요. 저는 이수형입니다. 자폐성 장애 2급, 18세로 재활 라켓볼 시작 1년 만에 YMCA 청소년라켓볼대회에 출전, 4강에 진출하여 많은 걸 느끼고 배웠던 소중한 시간들을 잊을 수 없습니다.

사례 감정조절능력이 좋아지고 경기방식에 대한 이해력과 유연성이 좋아졌다.

YMCA 라켓볼대회에서 파이팅

경기 중 상대 선수와 함께

소개 안녕하세요. 제 이름은 정선경. 자폐성 장애 2급, 11세로 재활 라켓볼을 시작하기 전에는 별명이 왕짜증이었는데 지금은 스마일맨으로 부른답니다.

사례 라켓볼 수업 몇 개월이 경과한 요즘, 소리 지름도 줄었고, 집중력이 좋아졌다. 공을 못 맞힐 때 짜증 내는 것도 줄었다.

오직 집중해야지

아~응 즐겁게 포어핸드

그래도 스마일

소개 안녕하세요? 제 이름은 최지훈. 나이는 20세. 자폐성 장애 1급, 아가페 장애 평생
교육센터 원장님의 권유로 재활 라켓볼을 시작하게 되었습니다. 시작 전에는 소리
지름과 심리적으로 불안하거나 흥분하면 침샘이 자극을 받아 침이 입에 가득하게
되어 수업 중에 밖으로 자주 나와야 했는데 지금은 수업이 끝날 때까지 밖으로 나
오지 않을 때가 많고 소리 지름도 줄어들고 있습니다.

사례 수업에 대한 이해의 폭이 넓어졌고, 순서 지키기나 언어적 지시 따르기가 많이 좋
아졌다. 또한, 공을 칠 때에도 응용능력이 좋아지고 순발력이 좋아졌다.

스트레스와 무기력을 한 방에 날려버린다

소개 안녕하세요. 제 이름은 박영재. 지적 장애 1급, 나이는 17세로 재활 라켓볼을 시작한 지 1년 만에 YMCA 라켓볼대회에서 3위로 입상. 그 후로 사회생활에 자신감이 생겼어요.

사례 체력 향상 및 집중 가능 시간에 대한 한계성 극복. 표정이 밝아졌다. 민첩성과 순발력이 좋아지고 공간 인지능력이 좋아졌다.

2016년 YMCA
청소년 라켓볼대회 3위

경기 중 영재 한판 붙어볼까?

소개 안녕하세요? 저는 김진우입니다. 나이는 13세. 자폐성 장애 3급으로 재활 라켓볼을 친구들과 함께 시작하게 되어서 즐겁습니다. 제가 라켓볼을 하기 전에는 인내력이 부족했는데 지금은 잘 참을 수 있게 되었습니다.

사례 공을 보고 몸을 움직이는 예측력과 판단력이 좋아지고 시선의 폭이 많이 넓어졌다. 또한, 몸을 움직이는 동작에 대하여 자신감이 생기고 라켓볼 경기 방식에 대한 이해력이 좋아졌다.

진우의 멋진 포어핸드 샷

진우의 라켓볼 동지들

소개 안녕하세요? 저는 지적장애 2급, 22세 박상규입니다. 제가 재활 라켓볼을 시작하기 전에는 유연성이 떨어지고 대근육과 소근육이 약해서 운동조절능력이 둔했습니다. 또한, 어깨가 굽어서 오랫동안 치료를 받고 있었지만 큰 변화가 없었는데 라켓볼을 시작하면서 굽은 어깨가 펴지고 유연성과 근육이 강화되어 운동조절능력이 좋아졌습니다.

사례 수동적인 자세에서 적극적인 행동을 보여 주었다. 신체적 운동범위가 넓어지고, 공에 대한 두려움이 없어졌다. 집중력이 좋아지고 집중하는 시간이 길어졌으며 공간 인지능력이 생성되었다.

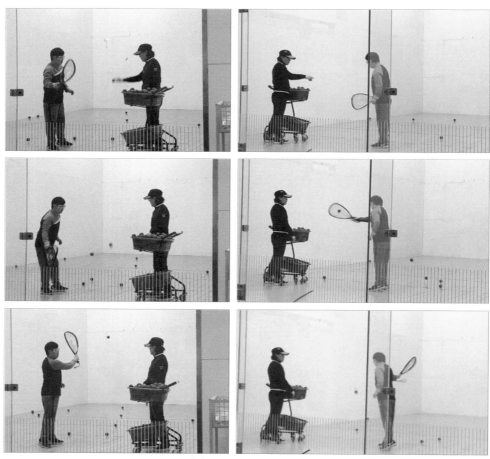

어머니와 함께 개인 연습 중

소개 안녕하세요? 서명수입니다. 나이는 16세. 자폐성 장애 2급으로 재활 라켓볼 초기 멤버입니다. 재활 라켓볼을 시작하기 전에는 과잉행동과 손으로 글쓰기가 심했는데 지금은 감정조절능력이 좋아지고 손으로 글 쓰는 행동이 줄었습니다.

사례 과잉행동이 감소되고 집중력이 증가하여 산만함이 감소되었다.

라켓볼 최고! 명수 최고!　　　　　　　　　　　라켓볼 정말 재미있어요

소개 안녕하세요? 저는 이제경입니다. 21세 자폐성 장애 2급으로 재활 라켓볼을 시작하게 되었습니다. 처음 시작할 때에는 소리도 많이 내고 선생님의 지시 사항을 이해하지 못했는데, 지금은 소리도 많이 내지 않고 지시 사항도 잘 이해하여 수업하는데 애로사항이 없게 되었습니다.

사례 재활 라켓볼을 시작하면서 차례를 지키며 기다릴 줄 알게 되었고, 계속 변화되는 선생님의 공을 쉬지 않고 받아내면서 집중력도 많이 좋아지고 감정조절능력도 좋아졌다. 신체적으로는 순발력과 민첩성이 향상되었다.

집중력과 스트레스 해소에는 라켓볼이 최고입니다

소개 안녕하세요? 제 이름은 안승원 12세, 자폐성 장애 2급으로 재활 라켓볼을 친구들과 함께 시작하게 되었습니다. 처음 시작할 때는 긴장되고 몸이 무거워서 힘들었는데, 지금은 체중이 빠져서 긴장도 안 하고 몸이 가벼워서 즐겁게 재활 라켓볼을 즐기고 있습니다.

사례 항상 먼저 해야 한다는 강박관념이 강해서 문제가 많았지만, 재활 라켓볼을 시작하면서 강박관념이 없어지고 순서 지키기와 줄 서서 기다리기 등 인내심도 좋아지고 감정조절 능력도 좋아졌다. 또한, 어떠한 상황에 대하여 본인이 어떻게 대처를 해야 하는지 스스로 생각하고 물어보는 횟수가 늘어났다.

귀엽죠? 전에 제 모습입니다

날씬하죠? 현재 제 모습입니다

〔그 밖의 사례들〕

	소개			사례
○○호	남자	9세	언어 장애 (뇌출혈)	좌우 균형이 좋아지고 체력이 좋아짐
○○미	여자	22세	지적 장애 2급	움직이는 동작이 빨라지고 신체균형이 좋아짐
○○혁	남자	15세	지적 장애 2급	신체균형 감각이 좋아지고 줄서기나 기다리기를 하는 과정을 통하여 사회성이 좋아짐
○○호	남자	18세	자폐성 장애 1급	눈과 손의 협응력이 향상되고 친구들이 하는 것을 끝까지 보고 기다릴 줄 아는 사회성과 집중력이 좋아짐
박○○	남자	11세	자폐성 장애 2급	집중력이 많이 개선되고 사회성이 좋아짐
○○인	남자	11세	자폐성 장애 2급	사회성과 자신감이 좋아짐
○○연	여자	11세	자폐성 장애 2급	공이 라켓에 맞지 않을 때 짜증과 신경질 내는 것이 많이 좋아지고 공을 맞히는 횟수도 늘어나고 체력이 많이 좋아졌음
○○정	여자	11세	지적 장애 2급	표정이 밝아지고 집중력과 신체조절 능력이 향상됨
○○훈	남자	10세	자폐성 장애 2급	운동신경이 신장 되고, 차례 지켜 기다리기 향상과 언어적 과잉성이 줄어듦
○○현	여자	12세	자폐성 장애 2급	한 시간 수업하는 동안 여러 번 밖으로 나왔으나 이제 나오지 않고 끝까지 수업함. 선생님 지시에 따르지 않고 거부하던 점 있었으나 대체로 거의 수용함. 라켓볼에 맞을까 두려움이 크고 맞으면 당황하며 짜증 내고 분노하였으나 맞을 수도 있고 맞아도 끝까지 수업에 임함
이○○	남자	10세	지적 장애 1급	사회성과 집중력이 좋아지고 눈과 손의 협응력이 좋아짐
○○우	남자	9세	뇌전증	집중력 강화 및 운동량이 증가함

라켓볼이 재활치료에 미치는 효과의 사례 (설문조사를 통한 통계적 관점에서)

(1) 총 대상자 28명의 기초자료에 관한 문항

① 대상자의 강습기간

- 6개월 미만: 1명

- 6개월 이상 1년 미만: 11명

- 1년 이상 1년 6개월 미만: 6명

- 1년 6개월 이상 2년 미만: 6명

- 2년 이상 3년 미만: 4명

② 하루 강습 시간

- 28명 전원이 하루에 1시간씩 강습

③ 일주일 강습 횟수

- 주 1회 강습: 6명

- 주 2회 강습: 4명

- 주 3회 강습: 16명

- 주 4회 강습: 1명

- 주 5회 강습: 1명

④ 대상자의 연령

- 10세 미만: 2명

- 10세 이상 15세 미만: 15명

- 15세 이상 20세 미만: 5명

- 20세 이상 25세 미만: 6명

(2) 신체적인 효과는? (하시기 전과 비교하여 주십시오.)

내용 / 구분	아주 좋아졌다	좋아졌다	그대로다
체력(근력, 지구력, 순발력, 유연성 등) 향상 효과	10명	18명	0명
신체 조절 능력	8명	20명	0명
건강 증진	8명	20명	0명
신체 균형	8명	20명	0명
신진대사	8명	19명	1명

(3) 정신적인 효과는? (하시기 전과 비교하여 주십시오.)

내용 / 구분	아주 좋아졌다	좋아졌다	그대로다
집중력 향상	9명	18명	1명
인내력 향상	8명	18명	2명
자신감	8명	17명	3명
산만함	5명	20명	3명
감정 조절	6명	16명	6명
스트레스 해소	9명	17명	2명

(4) 사회성의 효과는? (하시기 전과 비교하여 주십시오.)

내용 / 구분	아주 좋아졌다	좋아졌다	그대로다
일렬로 줄서기	9명	18명	1명
순서 지키기	11명	17명	0명
지시에 따르기	10명	17명	1명
임무수행 능력	9명	18명	1명
의사소통	5명	19명	4명
언어적 과잉성	5명	14명	9명
표현력	4명	17명	7명
스스로 연습 공을 바구니에 담는 것	9명	18명	1명

(5) 주의력결핍과 과잉행동 및 충동의 효과는? (하시기 전과 비교하여 주십시오.)

내용 / 구분	아주 좋아졌다	좋아졌다	그대로다	관계없다
집중력 향상	5	21	2	
경청하기	7	17	4	
그룹 프로그램 진행능력	7	20	1	
가만히 앉아 있기	6	21	1	
지나치게 말을 많이 하는 것	4	13	10	1
차례 기다리기	6	22	0	
지나치게 뛰거나 달리는 행동	6	16	5	1
다른 사람의 행동을 방해하지 않는 것	4	18	5	1
끊임없이 목적 없이 활동하는 것	5	12	7	4
지시사항을 이해할 수 있는 것	7	19	2	
자해 행동	5	11	5	7
상동 행동	6	12	4	6
강박적인 행동	5	10	6	7
공격성	6	10	5	7

(6) 감각의 효과는? (하시기 전과 비교하여 주십시오.)

내용 / 구분	아주 좋아졌다	좋아졌다	그대로다
시각 (눈을 통해 공의 자극을 받아들이는 감각 작용)	9명	17명	2명
청각 (소리를 느끼는 감각)	6명	19명	3명
촉각 (라켓이나 공이 손에 닿아서 느껴지는 감각과 날아오는 공의 변화를 감지하는 능력)	10명	17명	1명
방향 감각	10명	18명	0명
통합적 감각 (둘 이상의 감각이 하나로 합쳐 작용)	8명	19명	1명
눈과 손의 협응력	10명	17명	1명
손과 발의 협응력	11명	17명	0명
인지능력	6명	17명	5명

설문조사를 위한 설문지 문항 내용

설문지

안녕하세요?

재활 라켓볼 아카데미를 시작한 지 어느덧 3년이란 시간이 지났습니다.

지금까지 아낌없는 격려와 성원을 보내주신 학부모님들께 감사드립니다.

본 설문지는 앞으로 라켓볼이 재활치료에 미치는 효과에 관한 연구사례를 조사와 분석을 통하여 활성화 방안을 모색하고 논문이나 책자로 편집하여 알리고 보급하고자 설문을 하오니 성의껏 설문에 응해 주시기 바랍니다.

재활 라켓볼 아카데미

한 병 구 드림

– 학교 / 직장:

– 성   별:

– 나   이:

– 장애 및 등급: 자폐성 장애   급

– 장애 및 등급: 지적장애   급

– 기   타: 급

다음장 계속 ➡

✢ 각 문항에 해당되는 번호를 체크('∨'표시)해주세요.

1. 재활 라켓볼 아카데미 강습을 시작한 지는 얼마나 되었나요?

① 6개월 미만   ② 6개월 이상 1년 미만   ③ 1년 이상 1년 6개월 미만

④ 1년 6개월 이상 2년 미만   ⑤ 2년 이상 3년 미만   ⑥ 3년 이상

2. 재활 라켓볼 아카데미 강습을 하루 몇 시간 하나요?

① 1시간   ② 2시간   ③ 3시간   ④ 4시간

3. 재활 라켓볼 아카데미 강습을 일주일에 몇 회 하나요?

① 1회   ② 2회   ③ 3회   ④ 4회   ⑤ 5회

4. 재활 라켓볼 아카데미 대상자의 연령은?

① 10세 미만   ② 10세 이상 15세 미만   ③ 15세 이상 20세 미만

④ 20세 이상 25세 미만   ⑤ 25세 이상 30세 미만

✢ 신체적인 효과는? (하시기 전과 비교하여 주십시오.)

5. 체력 (근력, 지구력, 순발력, 유연성 등) 향상의 효과는?

① 좋아졌다   ② 아주 좋아졌다   ③ 그대로다

6. 신체조절 능력은?

① 좋아졌다   ② 아주 좋아졌다   ③ 그대로다

7. 건강증진은?

① 좋아졌다   ② 아주 좋아졌다   ③ 그대로다

8. 신체균형은?

① 좋아졌다   ② 아주 좋아졌다   ③ 그대로다

9. 신진대사는?

① 좋아졌다   ② 아주 좋아졌다   ③ 그대로다

✤ 정신적인 효과는? (하시기 전과 비교하여 주십시오.)

10. 집중력 향상은?

① 좋아졌다   ② 아주 좋아졌다   ③ 그대로다

11. 인내력 향상은?

① 좋아졌다   ② 아주 좋아졌다   ③ 그대로다

12. 자신감은?

① 좋아졌다   ② 아주 좋아졌다   ③ 그대로다

13. 산만함은?

① 좋아졌다   ② 아주 좋아졌다   ③ 그대로다

14. 감정조절은?

① 좋아졌다   ② 아주 좋아졌다   ③ 그대로다

15. 스트레스 해소는?

① 좋아졌다   ② 아주 좋아졌다   ③ 그대로다

다음장 계속 ➡

✤ 사회성의 효과는? (하시기 전과 비교하여 주십시오.)

16. 일렬로 줄서기는?
① 좋아졌다　　　② 아주 좋아졌다　　　③ 그대로다

17. 순서 지키기는?
① 좋아졌다　　　② 아주 좋아졌다　　　③ 그대로다

18. 지시에 따르기는?
① 좋아졌다　　　② 아주 좋아졌다　　　③ 그대로다

19. 임무수행 능력은?
① 좋아졌다　　　② 아주 좋아졌다　　　③ 그대로다

20. 의사소통은?
① 좋아졌다　　　② 아주 좋아졌다　　　③ 그대로다

21. 언어적 과잉성은?
① 좋아졌다　　　② 아주 좋아졌다　　　③ 그대로다

22. 표현력은?
① 좋아졌다　　　② 아주 좋아졌다　　　③ 그대로다

23. 스스로 연습 공을 바구니에 담는 것은?
① 좋아졌다　　　② 아주 좋아졌다　　　③ 그대로다

✚ 주의력결핍과 과잉행동 및 충동의 효과는? (하시기 전과 비교하여 주십시오.)

24. 집중력 향상은?
① 좋아졌다　　　② 아주 좋아졌다　　　③ 그대로다　　　④ 관계없음

25. 경청하기는?
① 좋아졌다　　　② 아주 좋아졌다　　　③ 그대로다　　　④ 관계없음

26. 그룹 프로그램 진행능력은?　　　　　　　　　　　.
① 좋아졌다　　　② 아주 좋아졌다　　　③ 그대로다　　　④ 관계없음

27. 가만히 앉아 있기는?
① 좋아졌다　　　② 아주 좋아졌다　　　③ 그대로다　　　④ 관계없음

28. 지나치게 말을 많이 하는 것은?
① 좋아졌다　　　② 아주 좋아졌다　　　③ 그대로다　　　④ 관계없음

29. 차례 기다리기는?
① 좋아졌다　　　② 아주 좋아졌다　　　③ 그대로다　　　④ 관계없음

30. 지나치게 뛰거나 달리는 행동은?
① 좋아졌다　　　② 아주 좋아졌다　　　③ 그대로다　　　④ 관계없음

31. 다른 사람의 행동을 방해하지 않는 것은?
① 좋아졌다　　　② 아주 좋아졌다　　　③ 그대로다　　　④ 관계없음

다음장 계속 ➡

32. 끊임 없이 목적 없이 활동하는 것은?

① 좋아졌다　　　② 아주 좋아졌다　　　③ 그대로다　　　④ 관계없음

33. 지시 사항을 이해할 수 있는 것은?

① 좋아졌다　　　② 아주 좋아졌다　　　③ 그대로다　　　④ 관계없음

34. 자해 행동은?

① 좋아졌다　　　② 아주 좋아졌다　　　③ 그대로다　　　④ 관계없음

35. 상동 행동은?

① 좋아졌다　　　② 아주 좋아졌다　　　③ 그대로다　　　④ 관계없음

36. 강박적인 행동은?

① 좋아졌다　　　② 아주 좋아졌다　　　③ 그대로다　　　④ 관계없음

37. 공격성은?

① 좋아졌다　　　② 아주 좋아졌다　　　③ 그대로다　　　④ 관계없음

✚ 감각의 효과는? (하시기 전과 비교하여 주십시오.)

38. 시각(눈을 통해 공의 자극을 받아들이는 감각 작용)은?

① 좋아졌다　　　② 아주 좋아졌다　　　③ 그대로다

39. 청각(소리를 느끼는 감각)은?

① 좋아졌다　　　② 아주 좋아졌다　　　③ 그대로다

40. 촉각(라켓이나 공이 손에 닿아서 느껴지는 감각과 날아오는 공의 변화를 감지하는 능력)은?

① 좋아졌다   ② 아주 좋아졌다   ③ 그대로다

41. 방향감각은?

① 좋아졌다   ② 아주 좋아졌다   ③ 그대로다

42. 통합적 감각(둘 이상의 감각이 하나로 합쳐 작용)은?

① 좋아졌다   ② 아주 좋아졌다   ③ 그대로다

43. 눈과 손의 협응력은?

① 좋아졌다   ② 아주 좋아졌다   ③ 그대로다

44. 손과 발의 협응력은?

① 좋아졌다   ② 아주 좋아졌다   ③ 그대로다

45. 인지능력은?

① 좋아졌다   ② 아주 좋아졌다   ③ 그대로다

Rehabilitation Racquetball

제4장
라켓볼의 역사

라켓볼의 기원과 발달

(1) 라켓볼의 기원

라켓볼은 1940년 후반 미국에서 발생되었으며 그 시초는 패들볼(paddleball)로서 나무 주걱 모양의 라켓을 이용해서 즐기는 경기이다.

1960년 초기에는 라켓볼이라 부르지 않고 paddle-rackets, paddleball, paddle-tennis 등으로 부르다가 1969년 4월 26일 ST.LOUIS에서 선수들과 임원들이 회합을 가져 공식명칭을 라켓볼(Racqueball)이라 통일시켜 부르게 되었다.

(2) 라켓볼의 보급 발달

이 운동은 1949년과 1959년 사이에 급속히 확산되었다. YMCA와 레크레이션 단체에서 이 경기를 정식 종목으로 채택하여 더욱 관심이 증대되면서 1969년 4월 26일 ST.LOUIS에서 선수들과 임원들이 회합을 가져 국제라켓볼협회를 결성하였다.

이때 제 1회 라켓볼 선수권 대회를 열었으며 지역·국가 간의 남녀 선수권전을 개최하기도 하였다. 그 후 미국을 비롯하여 캐나다·프랑스·멕시코 등과 아시아 지역으로는 한국·일본·중국·필리핀 등 전 세계에 거쳐 널리 보급 발달되었다.

(3) 라켓의 기원과 발달

라켓의 어원 paddleball 이전에 아라비아어의 rehat와 라틴어의 racha, 즉 '손바닥'이라는 뜻에서 유래했다.

초기에는 손바닥을 사용하였으며 그 후 손에 장갑을 끼고 치게 되었다. 그 다음에는 나무주걱 모양의 나무 라켓(paddleball)이 나타났고, 곧이어 Joesobeck에 의하여 라켓에 거트를 맨 라켓이 개발되었다. 1970년경에는 금속성의 라켓이 개발되었고 최근에는 가볍고 탄력이 좋은 그라파이트, 보른, 티타늄 소재의 라켓이 제조되고 있다.

거트는 양의 창자로 만들어 사용했고 현재는 나일론, 그라파이트, 플라스틱 등이나 이것들을 혼합한 화학섬유 재질의 스트링을 사용하고 있다.

⑷ 라켓볼 코트의 기원과 발달

라켓볼 코트는 처음부터 직육면체의 코트로 시작된 것이 아니다. 처음에는 건물의 외벽을 이용하여 손바닥으로 치거나 나무를 이용해서 타구하는 방식의 형식에서 1면, 3면 코트로 발전하여 현대의 6면 코트로 발전되었다.

라켓볼 코트의 시초라고 볼 수 있는 핸드볼(Handball)은 1527년 골웨이 도시 벽 플레이에 대하여 아일랜드 공간운동협회에 의해 기록되어 있다. 처음에는 건물의 외벽을 이용하여 손바닥으로 치거나 나무를 이용해서 타구하는 방식의 형식에서 출발해 1면, 3면 코트로 발전하여 2명, 4명이 게임을 하는 방식으로 개발되었다. 그 후 1855년 옥스퍼드와 캠브리지에 라켓 코트를 설치하여 첫 대표팀 경기를 하였고, 이 운동은 아일랜드, 스페인, 프랑스 이민자들에 의해서 19세기에 미국 뉴욕에 정착하게 되었다.

1960년대부터 6면 코트가 활성화되었으며 남미의 맥시코, 볼리비아, 베네수엘라 등으로 보급되었고, 아시아 지역으로는 한국, 일본, 필리핀 등으로 확산되었다.

라켓볼 코트가 다양한 형태로 변화되어 발전해온 것같이 현대에도 다양한 형태의 스포츠로 활성화되고 있다.

프론트 월(Front Wall) 1면 코트, 아웃도어 라켓볼(Outdoor Racquetball) 3면 코트, 라켓볼(Racquetball) 6면 코트가 있는데, 이들 코트에서 라켓을 사용하면 라켓볼 경기가 되고 손바닥을 사용하면 핸드볼 경기가 되는 것이다.

실외 3면 코트

건물 외벽을 이용한 1면 코트

실내 6면 코트 핸드볼 단식경기   실내 6면 코트 라켓볼 복식경기

한국 라켓볼의 역사

우리나라에 처음으로 라켓볼이 소개된 것은 1965년으로 미 8군 내 트렌트 짐에 라켓볼 코트를 만들어 친 것이 라켓볼의 시초가 되었다.

그 당시에는 라켓볼보다는 손바닥을 이용한 핸드볼을 즐겼으며 그 후 장비가 다양하게 개발되어 1970년대부터는 라켓볼 경기를 주로 하게 되었다.

라켓볼이 정식으로 알려지기 시작한 것은 1980년대 서강대학교와 코오롱 스포렉스에 라켓볼 코트가 세워지면서이다. 이때부터 많은 관심을 갖게 되었고, 포항공대와 공군사관학교 등 여러 학교 단체와 사회 스포츠센터로 급속히 보급되기 시작하여 1987년 코오롱 스포렉스를 중심으로 동호인 단체가 결성되어 전국 라켓볼 보급화에 많은 공헌을 하였다.

남자 라켓볼 동호인 단체결성   여자 라켓볼 동호인 단체결성

이때에 국내 첫 공식 대회인 제1회 한국오픈라켓볼선수권대회를 개최하였다. 1988년과 1989년에는 일본에서 개최되는 일본 오픈 대회와 아시아 대회에 참가하여 기술향상은 물론 한·일 간 친선을 도모하며 교류가 활성화되었다.

이 시기에 라켓볼에 대한 관심이 고조되면서 신문과 방송에 알려지기 시작하여 많은 동호인 수가 늘어났으며, 테니스 선수들이 라켓볼로 전환하기도 하였다.

1990년에는 국내 최초로 '한병구 라켓볼' 책자가 출판되어 라켓볼 보급에 크게 기여하였고, 1990년 6월 7일에는 베네수엘라 카라카스에서 개최된 제5회 세계라켓볼 선수권대회에 국내 최초로 한병구 선수와 정남환, 김준성 임원이 참가하였다. 이때에 정식으로 한국 라켓볼이 등재되어 국제라켓볼연맹(I.R.F)에 가입하게 되었다.

그 후 1991년 6월 서울 리버사이드 호텔에서 라켓볼 선수들과 동호회 단체들이 회합을 갖고 국내 라켓볼 협회의 공식적인 명칭을 '한국아마추어라켓볼협회(Korea Amateur Racquetball Association: K.A.R.A)'로 결정하였다.

한국아마추어라켓볼협회 초대 회장으로는 정남환 씨가 만장일치로 선출되어 창립식과 함께 정식으로 한국아마추어라켓볼협회(Korea Amateur Racquetball Association: K.A.R.A)가 출범하였다.

취임 꽃다발 증정식

취임 축하 케이크 절단식

이때부터 전국 규모의 대회를 개최하여 많은 선수들이 발굴되었다.

1992년 캐나다 몬트리올에서 개최된 제6회 세계라켓볼선수권대회에서 한국 최초로 한병구 선수가 화이트 부문에서 금메달, 조영일 선수가 동메달을 획득하였고, 복식에서 블루 부문에서 한병구, 조영일 선수가 동메달을 획득하여 한국 라켓볼 실력을 과시하였다.

세계라켓볼선수권대회 금메달 한병구, 동메달 조영일   세계라켓볼선수권대회 복식 동메달 한병구, 조영일

1994년 초대 회장의 임기를 마치고 2대 회장에 대구협회장을 맡고 있던 홍영상 씨가 선출되어 협회의 명칭을 한국라켓볼협회(Korea Racquetball Federation: K.R.F)로 개칭하였다.

취임 축하 케이크 절단식   취임 꽃다발 증정식

1996년 미국의 피닉스 시에서 개최된 제8회 세계라켓볼선수권대회에 남녀 선수 8명을 파견하여 30개국이 참가한 대회에서 짧은 라켓볼 역사에도 불구하고 국가 등위 11위를 차지하였다.

한국라켓볼협회는 세계대회 참가를 계기로 미국과 일본의 협회 운영 방식을 도입하여 회원 등록 제도를 실시하고, 정기간행물인 『라켓볼 코리아』를 창간하였으며, 일본에서만 개최되던 아시아 선수권대회를 한국으로 유치하였다. 1997년 8월 1일 안산시(월드스포센)에서 제10회 아시아선수권대회를 국내 최초로 TV 중계방송 하에 개최하였다.

아시아라켓볼선수권대회 결승전 중계방송 조영일. 신승하 선수

스포츠 TV 중계방송 해설-한병구 전무이사

IMF 관리하의 어려운 경제 여건에도 불구하고 1998년 남미의 베네수엘라 코차밤바에서 열린 제9회 세계선수권대회에도 선수를 파견하여 이상수, 조영일 선수가 복식 화이트 부문에서 금메달, 장동민과 이희연 선수가 레드 부문 개인전에서 동메달, 박교준 선수가 화이트 부문 개인전에서 은메달을 획득하는 쾌거를 올렸다.

세계라켓볼선수권대회 입상 기념 촬영

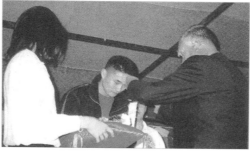

세계라켓볼선수권대회 은메달 박교준

1999년 9월, 제11회 아시아선수권대회를 한국에 다시 유치하여 안양시(청소년수련관)에서 대회를 개최하면서 아시아라켓볼연맹 총회를 국제라켓볼연맹(I.R.F)의 수석 부회장인 Keith Calkins 씨를 임시 의장으로 해서 개최하고, 아시아연맹 정관을 채택하여 아시아연맹 임원을 선출하였다. 회장에 홍영상 한국라켓볼협회장, 부회장에 괌의 Frank Rios, 일본의 YasushiTanahara, 사무총장에 한병구, 재무 천종일을 선출하여 한국이 아시아 라켓볼을 주도하는 회장국이 되었다.

아시아라켓볼연맹 총회   아시아라켓볼연맹 임원 기념 촬영

1999년 12월 한국라켓볼협회는 대한체육회와 국민생활체육협의회에 각각 가맹신청서를 제출하였다. 그 후 2년마다 아시아라켓볼선수권대회가 개최되었고, 2004년 7월 3일 아시아에서는 처음으로 경기도 안양시 청소년수련관에서 세계라켓볼선수권대회를 개최하였다. 2010년 8월 11일에는 6년 만에 세계라켓볼선수권대회를 서울특별시 강남구 수도전기공고에서 개최하여 한국라켓볼을 알리고 홍보하는데 공헌하였다.

2016년 9월 21일 국민생활체육전국라켓볼연합회와 대한라켓볼연맹이 하나의 단체로 통합되어 단체의 명칭을 대한라켓볼협회로 통일시켜 초대회장으로 강근영 회장이 선출되었다. 또한 아시아라켓볼연맹 회장으로는 국제라켓볼연맹 부회장인 조왕기 회장이 선출되어 한국라켓볼이 국제연맹의 회장 국가로 위상이 높아졌다.

2010 세계라켓볼선수권대회(서울 강남구)

2015 아시아라켓볼선수권대회 개회식
(고양시 고양체육관)

 1980년 후반 우리나라에 라켓볼이 처음 소개된 이후 국민적 관심이 높아지고 라켓볼 인구가 점차 늘어남에 따라 대중 스포츠로서 점차 자리를 잡아가고 있다.

Rehabilitation Racquetball

제5장
라켓볼 장비

라켓

(1) 스텐다드(standard)

스텐다드 라켓의 규격은 길이 48cm, 폭 19cm 정도의 크기로 만들어졌다.

이 라켓의 특성은 면적이 좁고 튼튼하기 때문에 라켓의 파워는 떨어지는 반면에 볼을 정확한 방향으로 타구할 수 있는 콘트롤 형의 라켓이다.

(2) 미드사이즈(mid-size)

미드사이즈 라켓의 규격은 길이 51cm, 폭 24cm 정도의 크기로 만들어졌다.

이 라켓의 특성은 스텐다드 라켓의 단점인 파워 문제를 해결해 주고 오버사이즈 라켓의 단점인 컨트롤 문제를 해결해 주는 라켓으로서 두 가지 라켓의 단점을 보완하여 만든 라켓이다.

(3) 오버사이즈(over-size)

오버사이즈 라켓의 규격은 길이 55.88cm, 폭 26cm 정도의 규격으로서 라켓 종류 중에 가장 길고 폭이 넓은 라켓으로서 스피드와 파워에 비중을 둔 라켓이다. 이 라켓은 힘과 스피드로 승부를 거는 선수들이 선호하는 라켓이다.

오버사이즈   미드사이즈   스탠다드

⑷ 라켓

라켓은 길이 55.88cm 폭 26cm 정도의 규격으로서 너무 가볍거나 너무 무거운 것을 사용하면 힘의 균형이 무너져 기술적인 샷은 물론 어깨나 팔, 손목의 상해 원인이 된다. 그러므로 라켓의 선택은 자신의 힘과 신체조건을 감안하여 선택해야 한다. 초보자에게는 무거운 것보다는 가벼운 느낌의 라켓을 선택하는 것이 바람직하다.

⑸ 라켓의 각부 명칭

프레임

스트링

그립

리스트코드

볼

볼은 정확한 탄도를 잡아 줄 수 있도록 이음자리나 흠집이 없어야 한다. 볼의 색은 외면이 균일한 색으로 청색, 녹색, 분홍색, 검정색이 주로 사용되며 볼의 직경은 5.7cm, 무게는 40g이다. 21℃~23℃ 정도의 온도에서 254cm의 높이로 떨어뜨린 경우 173cm~183cm 높이로 튀어 오르는 볼을 선택하는 것이 좋다. 시합 구는 IRF, 아시아 라켓볼협회, 대한라켓볼협회 또는 각 시도 라켓볼협회나 단체로부터 검인이나 승인을 획득한 볼을 사용해야 한다.

장갑

선수에게 있어서 장갑 사용은 필수이다. 장갑의 재질은 스판과 가죽으로 만들어지기 때문에 손목과 손가락을 보호해 주는 역할을 해주며 손바닥 땀으로 인하여 라켓이 좌우로 밀리는 것을 방지하고, 보다 정확한 컨트롤을 유지하기 위해 사용한다.

눈 보호안경

눈 보호안경은 경기 중 볼이나 라켓으로부터 눈을 보호하기 위하여 반드시 착용해야 한다. 눈이 나쁜 선수는 일반 안경을 착용하는 것보다 플라스틱 렌즈로 바꿈으로써 보다 안전성을 높일 수 있다. 눈 보호안경은 시합 중이든 연습 중이든 관계없이 코트에 들어갈 때는 의무적으로 착용하도록 규정되어 있다.

스트링

스트링의 선택은 탄력성과 장력을 고려해서 선택하는 것이 중요하다. 스트링은 볼과 가장 밀접한 관계이기 때문에 스트링을 매는데 있어서 신중을 기해야 한다. 스트링을 강하게 매면 컨트롤이 좋은 반면 탄력성이 떨어지고, 스트링을 약하게 매면 탄력은 좋은 반면 컨트롤이 떨어진다. 그러므로 스트링은 선수의 실력과 신체적 기능에 따라 강도를 조절하는 것이 바람직하다.

일반적으로 초보자는 강하게 매는 것보다 약간 약하게 매는 것이 엘보를 방지하고 작은 힘으로 스피드를 얻을 수 있다.

유니폼

라켓볼 복장은 땀을 잘 흡수하고 상대의 시야를 어지럽히지 않는 범위 내에서 선수나 팀이 좋아하는 색과 디자인을 선택해도 좋다. 단, 너무 헐렁하거나 노출이 심한 유니폼은 인정되지 않는다.

운동화는 어떤 색을 사용해도 좋지만, 운동화 바닥이 코트에 자국을 내거나 흠을 내는 것은 안 된다.

라켓볼 장비

Rehabilitation Racquetball

제6장
라켓볼 코트

코트의 종류

라켓볼 코트는 1면, 3면, 6면 코트가 있으며 1면과 3면으로 된 코트는 주로 대학교 캠퍼스나 공원 등에 설치되어 있다. 경기 방법은 기본적인 샷을 활용하는데, 이 방법은 6면 코트의 규칙을 응용할 수 있다. 6면 코트는 직육면체의 공간으로 되어 있으며, 그 재질은 특수 재질로서 나무 칩을 압축하여 엘피엠 또는 멜라민 처리한 보드와 강화유리 또는 아크릴로 만들어진다. 또한, TV 중계나 관객을 위하여 4면을 강화유리와 아크릴 재질로 사용할 수 있다.

　라켓볼 코트는 선수들의 기량을 충분히 발휘할 수 있도록 라켓볼 코트의 조도와 평면성을 유지하는 것이 필수 조건이다.

(1) 1면 코트

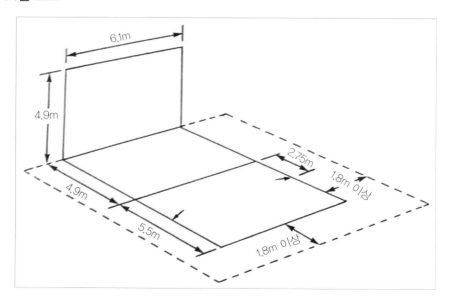

(2) 3면 코트

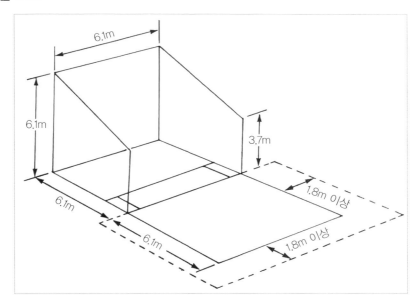

(3) 6면 코트

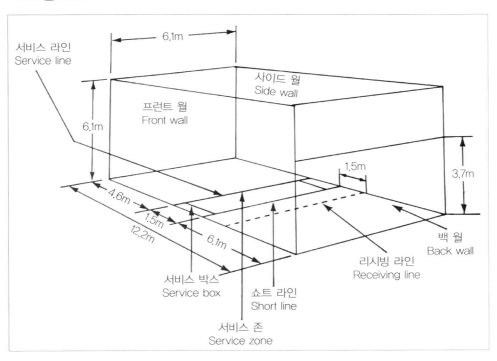

코트의 일반적 구조

(1) 심판의 위치

① 시합을 할 때에는 라인즈맨과 심판을 위해 공간을 확보한다. 이 경우의 공간이라 함은 코트 전체로 볼 수 있고, 선수와 서로 간의 목소리를 들을 수 있는 위치에 있어야 한다.

② 라인즈맨과 심판을 위한 공간은 백 월의 후방으로 한다.

③ 시합 시 사이드 월 유리를 사용하는 경우는 라인즈맨의 공간도 사이드 월의 서비스 박스 측면에 위치한다.

(2) 관람석의 위치

관람석은 코트 벽의 전면, 후면, 측면의 뒤에 위치할 수 있다.

(3) 촬영의 위치

경기는 코트 벽을 통해 또는 코트의 위쪽에서 TV 방송, 영화, 사진녹화를 위한 촬영이 가능하다.

① 카메라 앞에 기자재나 어떠한 물체도 포착되지 않게 해야 하며 카메라에 전 코트가 화면에 들어올 수 있어야 한다.

② 경기 중에 사이드 및 프런트 벽을 통해 카메라, 조명, 그 외의 기자재 등을 다루는 사람은 선수에게 방해나 신경이 쓰이게 해서는 안 된다.

(4) 카메라 패널을 설치할 경우

① 코트 측에 인접한 벽의 표면은 동일 평면상으로 한다.

② 코트 측에 인접한 벽과 가능한 한 동일 색으로 한다.

③ 기존 코트의 벽과 리바운드 특성을 같게 한다.

④ 경기 중에 볼, 라켓, 선수에 의한 돌발적인 충격에 견딜 수 있도록 고정시킨다.

⑤ 유리 벽이 깨지는 경우를 대비해 선수나 관객에게 큰 피해가 없는 재질(예를 들면 강화유리)을 사용한다.

코트의 치수 및 허용치

(1) 평면 치수

코트의 평면 치수는 바닥 위 1m 위치에서 계측하며, 아래와 같다.

① 길이: 12.2m ± 24mm

② 폭: 6.1m ± 12mm

③ 높이: 6.1m ± 12mm

(2) 공간의 확보

코트의 어느 위치에 설치하든 바닥에서부터 공간 높이(예를 들어, 최하 장애물 하단까지의 높이)는 6.1m~±12mm 이상으로 한다.

① 백 월의 최소치는 바닥 위 3m~3.7m±12mm로 하고, 최대치는 6.1m~±12mm로 한다.

② 백 월은 3.7m 이하에서는 동일 재질로 한다.

③ 단, 백 월에는 견학용 창을 설치할 수 있다.

④ 바닥 위 창의 최소 높이는 76cm가 적당하다.

⑤ 도어 면은 코트 측의 벽면과 동일 평면상으로 경기에 지장을 주지 않는 것이 있다면 다른 재질의 것도 무방하다.

(3) 벽면의 수직도

벽면은 코트의 어디에 설치하든 6.1m 당 12mm 이내에서 수직이어야 한다.

(4) 벽면의 평면도

벽면은 평행해야 한다.

① 벽면의 평면상에 파이거나 꺼짐이 2.3mm를 넘거나 구멍 접합부가 벌어져서는 안 된다.

② 평면상에서 31cm 당 3.1mm를 넘는 변위가 있어서는 안 된다.

③ 바닥은 코트의 가로, 세로, 대각선에 대해, ±10mm의 범위 내에서 수평이어야

한다.

④ 바닥의 이음매는 0.25mm 이내, 오픈 조인트는 2mm 이내로 한다. 단 벽면과의 이음에는 6mm 이내로 한다.

(5) 코트의 마킹

코트의 마킹은 38mm의 연빨강 또는 흰색 선으로 한다.

① 쇼트 라인: 뒷가장자리(백 월에 가까운)가 코트의 중심선상에 있다.

② 서비스 라인: 앞 가장자리(프런트 월에 가까운)가 쇼트 라인의 뒷가장자리에서 1.5m의 위치에 있다.

③ 서비스 박스: 사이드 월에서 그 라인의 안쪽 끝까지의 거리는 46cm이다.

④ 리시빙 라인: 리시빙 라인의 뒷가장자리는 쇼트 라인에서 1.5m의 위치로 벽 가에서 각각 41cm의 길이로 긋고, 16cm의 길이의 점 16개와 17개의 공간으로 표시한다.

⑤ 드라이브 서브 라인: 사이드 월에서부터 91cm 떨어진 곳에 표시한다.

⑥ 코트의 마킹은 3m 당 1.5mm 이상의 변위가 없도록 해야 한다.

⑦ 코트 마킹의 변위는 적정 위치에서부터 6.4mm이다.

⑹ 코트 마킹의 평면도

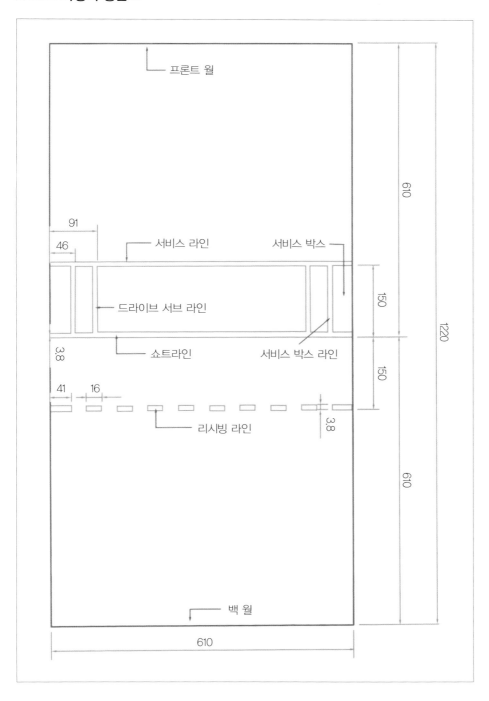

프론트 월

610

서비스 라인

서비스 박스

91

46

드라이브 서브 라인

150

서비스 박스 라인

3.8

쇼트라인

150

41 16

리시빙 라인

3.8

120

610

백 월

610

(7) 벽면

① 벽면의 구조

　경기장 전역에 있어 벽면은 전부 동일구조이다.

② 벽면의 강도

　벽면 및 그 외 짜 맞추어진 모든 부품은 일반적인 경기에 의한 볼, 라켓, 선수에 의한 충격으로 일시적 혹은 영구적인 손상이 있어선 안 된다.

③ 벽면의 변형

　벽면은 보통의 경기 시 볼의 리바운드에 의한 충격 등으로 변형되어선 안 된다. 벽면은 구조상으로 원래 상태로 복원 가능하면 선수의 충격에 의해 일시적으로 변형이 되어도 좋다. 단, 그 경우의 변형 정도는 다음의 한계치를 넘지 말아야 한다.

　－ 충격력: 체중 91kg

　－ 흡수 계수: 47%

　－ 충격 시 전달 속도: 초속 3m

　－ 충격 각도: 90°

　－ 충격을 받는 벽의 면적: 1.6㎡ 이하

　－ 충격 면의 중심: 바닥 위 1.5m±50mm

　시험은 벽면의 패널 혹은 벽면이 동질의 것으로 구성된 경우는 그 벽면을 3등분한 정중앙으로 하며, 허용치는 유리 벽의 경우 충격 범위의 중심은 32mm 이내 이고 다른 재질의 벽면의 경우 충격 범위의 중심은 6.4mm 이내이다. 충격으로 변형된 벽면은 최초의 충격에서 1초 이내에 원래 상태로 복원되고 일시적 혹은 영구적인 변형을 남기지 말아야 한다.

④ 벽면의 마무리

　경기용의 벽 표면은 견고하고 매끄럽게 마무리를 해야 한다.

⑤ 벽면의 색상

　경기용의 벽 표면은 유리 벽이 아닐 경우 전부 동일 색으로 하고, 동일 반사율이어야 한다. 백 월이 유리가 아닐 경우는 프런트 및 사이드 월의 색상과 반사율이 똑같아야 한다.

⑥ 벽면의 반사율

프런트 및 사이드 월의 반사율의 평균은 장애물이 없는 상태에서 80% 이상 되어야 한다.

⑦ 벽면에서의 볼의 리바운드

경기용의 벽 어느 면에 맞아도 볼은 정확히 균일하게 리바운드 되어야 한다.

⑧ 경기용 벽 표면의 접합부

패널 구조상에 의한 벽면상의 벌어진 접합부는 아래와 같은 조건이 있다.

－ 볼의 리바운드에 의한 변형이 없어야 한다.

－ 벽 표면의 접합부에 볼이 맞고 변형이 없어야 하며 벽면 표면에 2.3mm 이상의 틈이 있어서는 안 된다. 또한, 볼, 라켓, 선수의 충돌로 패널을 연결하는 접합 부위가 파손되거나 충격이 전달되어서는 안 된다.

(8) 라켓볼 코트의 전개도

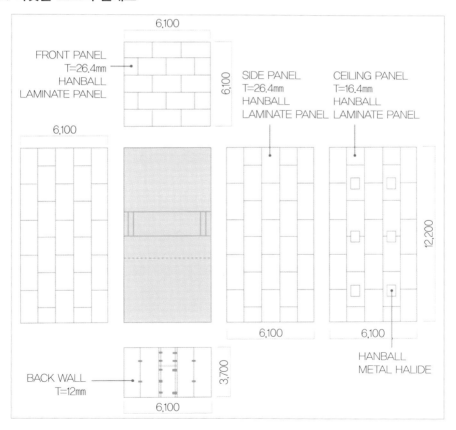

⑼ 문의 위치

① 코트의 문은 백 월의 중심에 위치하고, 코트 안쪽으로 열리도록 설치해야 한다.

② 문의 내측은 평면으로 닫혔을 때 벽면과 동일 평면상이어야 한다. 문이 안으로 열릴 경우 고정 부재를 장치하여 벽면에 부딪히지 않도록 한다.

③ 문은 인접하는 벽면과 가능한 한 색상, 재질, 리바운드 특성이 유사한 것을 사용한다. 고정할 수 있는 금속 또는 그 외의 기구로 고정하고, 선수의 충격으로 열리지 않도록 해야 한다.

④ 문의 사이즈: 폭 1m, 높이 2m 이내로 한다.

⑽ 유리문의 사양

유리문은 100kg의 사람이 수용계수 47%(충돌의 47%는 본인이, 남은 53%는 벽에 전해짐)의 벽면에 직각으로 충돌한 경우 아래 사항을 넘지 말아야 한다.

① 3m/sec의 속도로 충돌한 경우: 유리 두께 + 2mm

② 4.5m/sec의 속도로 충돌한 경우: 유리 두께 + 12mm

③ 유리 쪽 바깥쪽 바닥: 유리 벽 외측 바닥은 선수가 유리 벽의 내측에서 30cm 떨어진 위치의 눈높이 1.5m 수평면에서 55도 하방을 본 경우에 코트의 바닥보다 색이 어둡지 않으면 안 된다.

⑾ 코트 바닥

바닥의 마무리는 매끄럽고 견고하며 어느 정도의 복원력이 있고 일반적인 경기 진행이 확실하게 보장되어야 한다.

① 탄력성

볼의 바운드는 바닥 전체에 있어 높이, 속도가 균일해야 하며, 볼이 바닥에서 튀어오를 시 중앙 상부에서 보아 볼이 직선이어야 한다.

② 색 및 반사

바닥은 밝은색이 좋고, 낮은 위치에서 볼을 쳤을 때 볼이 쉽게 보이는 색으로 통일하며, TV 방영 시에는 경계를 표시해도 좋다.

⑿ **조명**

① 코트는 인공적인 조명으로 밝아야 한다. 코트는 바닥 위 1m 위치로부터 500룩스 이상 또는 어느 위치에서도 평균적인 밝기로부터 15% 이상 틀리면 안 된다.

② 벽면에 조명을 받을 때는 균등한 밝기여야 한다. 조명은 그림자가 생성되어서는 안 되고 설치한 비품은 천장과 동일 평면상으로 하며 리바운드의 질도 천장과 같아야 한다.

⒀ **유리 벽**

투명한 유리 벽을 사용한 경우 조도는 양사이드에서 동일해야 하며 TV 촬영 조명은 바닥 위 1m에서 500룩스 이상으로 해야 한다.

⒁ **습기**

코트와 관람석을 사용할 시엔 코트 내벽에 결로가 일지 않도록 건설, 공조, 환기를 해야 하며 습도는 40~60%가 적당하다.

⒂ **기타 설비 위치**

① 공조 또는 환기 닥트는 프런트 월에서 적어도 8m 후방의 천장에 설치해야 한다.

② 필요하다면 음향 기기는 백 월로부터 천장의 후방 4m 이내에 설치해야 한다. 음향기재는 볼의 충격으로 설치 장소에서 떨어지지 않도록 천장의 전방 부분은 벽 표면과 동일 재질로 해야 한다.

⒃ **중계방송용 코트**

Rehabilitation Racquetball

제7장
라켓볼 경기

경기

(1) 경기의 형식

라켓볼 경기는 2명, 3명, 또는 4명으로 경기가 가능하며, 2명의 경우 단식(Singles), 3명의 경우 컷 스로우트(Cut-throat), 4명의 경우 복식(Doubles)이라 한다.

(2) 설명

라켓볼은 그 명칭이 나타내는 것처럼 경기자가 1개의 라켓을 갖고 서브를 하거나 리턴(Return)을 하여 승패를 가리는 경기이다.

(3) 목적

서브나 리턴에 의해 각 랠리(Rally)에서 이기는 것으로 한다. 랠리가 끝나는 것은 에러(Error)를 하거나 리턴이 되지 않을 때, 혹은 힌더(Hinder)가 인정하는 경우이다.

(4) 포인트와 아웃

포인트(Point)는 서브한 측이 서비스 에이스(Service Ace)를 한 경우, 또는 랠리에 이긴 경우만 점수를 얻는다.

서브 측이 랠리에 진 경우에는 서브권을 잃는다. 이것을 단식에서는 사이드아웃(Sideout), 복식에서는 핸드아웃(Handout)이라 하며, 둘째 서브하는 사람이 서브를 잃었을 때는 사이드아웃이라 한다.

(5) 게임

게임은 15점을 먼저 얻는 쪽이 이긴다. 단 게임의 주최에 의하여 다소 변경될 수 있으며 타이브레이크(Tiebreak)는 11점으로 결정한다.

경기의 방법

간단한 규칙

서브는 서비스 존 안에서 2회의 서브권이 주어진다. 한 번 바닥에 떨어뜨린 볼을 전면에 직접 쳐 서브를 하고, 리시버(Receiver)는 쇼트 라인을 넘어서 날아오는 볼을 두 번 바운드(Bound)하기 전에 쳐서 리시브한다.

볼은 바닥 외에 어디에 맞아도 상관없으며 전면에 한 번 맞으면 된다.

게임은 11점, 15점, 21점의 3종류가 있으며, 15점 게임인 경우 14 대 14가 되어도 듀스(Deuce) 없이 먼저 15점을 얻은 쪽이 승리한다. 배구도 마찬가지로 서브권을 가지고 있는 쪽이 이길 때만 점수를 얻는다. 서버가 졌을 때는 점수에 관계없이 서브권을 상실한다.

(1) 서브권의 결정

서브 결정은 보통 가위바위보나 코인 토스(Coin Toss)로 결정한다. 또는 후면 가까이에 서서 전면을 맞추어 누가 쇼트 라인 가까이 볼을 떨어뜨리느냐의 방법으로 결정하는 경우도 있다.

(2) 게임의 진행

① 서버는 서비스 존 안에서, 리시버는 후면으로부터 약 1m 또는 1.5m 전방 코트 중앙에 선다.

② 서버는 볼을 바닥에 한 번 바운드 시킨 후에 전면에 직접 친다. 이 경우 전면을 맞고 나온 볼은 쇼트 라인 후면에 떨어져야 하며, 바로 측면에 맞고 쇼트 라인 후면에 떨어지거나 바로 측면에 맞고 쇼트 라인 후면에 들어가도 좋다.

③ 리시버는 노바운드 또는 원 바운드로 볼을 전면에 친다. 이때에 측면·천장·후면에 맞고 나온 볼을 전면으로 쳐도 좋다. 단, 전면에 맞기 전에 바닥에 떨어지면 안 된다.

④ 서브에서 리시브 후에는 라인의 제약이 없어져 코트를 자유롭게 움직일 수 있다.

(3) 한 번 서브로 서브권을 잃는 경우

① 논 프런트 월 서브(Non-Front-Wall Serve): 서브한 볼이 전면에 직접 맞지 않고 측면·바닥·천장에 맞았을 경우
② 터치 서브(Touched Serve): 전면으로부터 튀어나오는 볼이 서버의 라켓이나 몸에 노바운드로 맞았을 경우, 또는 그 파트너(Partner)가 고의로 볼을 잡았을 경우
③ 페이크 오브 보크 서브(Fake of Balk Serve): 서버가 서브할 목적으로 볼을 떨어트린 후 볼을 치려는 라켓의 움직임이 연속적인 동작이 아닐 경우

(4) 폴트 서브가 두 번 계속되어 서브권을 잃는 경우

① 풋 폴트(Foot Faults): 발이 쇼트 라인 밖으로 벗어나거나 서비스 라인을 완전히 벗어났을 경우
② 쇼트 서비스(Short Service): 서브한 볼이 전면으로부터 직접 또는 측면을 맞고 쇼트 라인이나 그 라인 앞바닥에 떨어진 경우
③ 롱 서브(Long Serve): 서브한 볼이 바닥에 바운드 없이 전면에서 직접 후면에 맞았을 경우
④ 쓰리 월 서브(Three Wall Serve): 서브한 볼이 바닥에 바운드하기 전에 전면에서 직접 양측 면에 맞았을 경우
⑤ 실링 서브(Ceiling Serve): 서브한 볼이 전면을 맞고 천장에 맞았을 경우

힌더

(1) 힌더

힌더(Hinder-방해)에는 데드볼(Dead Ball)과 어보이더블(Avoidable)의 두 종류가 있다. 규칙에 정해진 대로 데드볼은 심판에 의해 선언되면 힌더가 되어 점수에 관계없이 경기를 다시 하게 된다.

다음과 같은 경우가 있다.

① 코트 힌더: 힌더로 지정된 코트 부분에 볼이 맞았을 경우.

② 상대 선수가 볼에 맞았을 경우: 되돌아온 볼이 전면을 맞기 전에 상대 선수에게 맞았을 경우. 단, 분명히 볼이 전면에 미치지 못하는 샷의 경우는 심판의 판단에 의하여 아웃이 된다.

상대 선수가 볼에 맞는 경우

③ 신체 접촉: 불가항력으로 신체가 접촉하여 볼을 쳐내는 데 방해가 되었을 경우

신체 접촉의 상황

④ 스크린 볼: 전면으로부터 볼이 서브한 선수의 신체에 아주 가까운 곳을 통과 (45.7cm 이내)했을 경우, 또는 순간적으로 볼을 볼 수가 없는 상태로 볼을 쳐낼 수 없을 경우

⑤ 백스윙 힌더: 백스윙한 라켓이 상대의 몸에 닿았을 경우 반드시 선수는 그러한 상황을 콜(Call)하지 않으면 안 된다. 선수가 할 수 있는 유일한 힌더 콜이다.

순간적으로 볼을 볼 수 없는 경우 　　　　백스윙 시 라켓볼이 상대의 몸에 닿는 경우

(2) 어보이더블 힌더

어보이더블 힌더(Avoidable Hinder 피할 수 있는 방해)는 경기 중에 충분히 피할 수 있는 볼에 대한 동작을 태만히 하여 상대방이 볼을 치기 어렵게 하는 경우로서 서브권을 잃든가 또는 득점으로 처리된다.

스크린 서브의 판정

스크린 서브(Screen Serve)는 폴트 서브로서 서브한 볼이 서버의 몸으로부터 45.7cm 이내를 통과하여 리시버가 순간적으로 볼을 볼 수 없는 상태를 말한다.

　스크린인가 아닌가는 심판이 판정하는 것으로서 경기자가 독자적으로 판정하여 경기를 중단해서는 안 된다. 그러나 다음과 같은 경우처럼 복잡하고 판정이 어려운 경우가 있다.

사례 1 서브한 볼이 서버로부터 45.7cm 이상 떨어져서 통과해도 리시버가 서 있는 위

치에 따라서 스크린과 동일한 상태가 되는 경우가 있다. 이 경우 현실적으로는 스크린이지만 리시버가 서 있는 위치에 문제가 있어 통상 심판은 스크린을 선언하지는 않는다.

사례 2 서브한 볼이 직접 측면에 맞거나 되돌아온 볼이 서버의 몸으로부터 45.7cm 이내를 통과하는 경우가 있다. 이 경우 볼은 서버로부터 멀리 떨어져 있기 때문에 리시버는 천천히 볼의 진행을 확인할 수 있다. 그러므로 대부분 심판은 스크린을 선언하지 않는다. Z 서브의 경우에 자주 발생한다.

어필

라켓이 상대에 닿았을 경우 또는 신체 접촉이 있었을 때 경기자는 심판에게 힌더 콜을 할 수 있다. 만일 양 경기자가 인정하면 첫 서브부터 다시 시작하게 된다. 상대가 친 볼이 바로 투 바운드일 경우는 한 손으로 V자형의 투 바운드 표시를 하여 심판에게 어필(Appeal)을 할 수가 있으나 독자적으로 판단하여 경기를 중단하지 말고 속행하여야 한다. 랠리가 끝나고 나면 심판이 정확한 판정을 내린다.

투 바운드의 어필

투 바운드의 어필

타임아웃

심판이 스코어(Score)를 부른 후에 리시버는 라켓 잡은 손을 들어 올려 10초간의 타임아웃(Timeout)을 부를 수 있다. 이 사이에 상대가 서브를 하면 무효가 된다. 서버도 심판이 콜한 후에 10초간 휴식을 취할 수 있다.

타임아웃의 표시

단식

단식은 두 명의 선수로 구성되며, 라켓볼에 있어서 최고의 승리자를 가리는 개인 경기이다. 그 방법은 컷 스로우트나 복식에 비해서 비교적 경기 방법이 간단하여 서버와 리시버의 자리만 제대로 지키면 그리 어렵지 않다.

단식경기

컷 스로우트

컷 스로우트(Cut-throat)는 라켓 볼 경기자들 사이에서 고안해낸, 3명이 하는 경기로서 공식 경기 는 하고 있지 않지만 라켓볼만의 독특한 경기이다.

컷 스로우트 3인 경기

경기 방법은 아래 사진과 같이 서버가 리시버 2명을 상대로 하

는 경기로서 서버가 이기고 있는 동안에 계속 서브를 한다. 서브권을 잃으면 서브 순 서는 오른쪽으로 돌아간다. 경기는 3명 중에서 맨 처음 15점을 얻는 사람이 이기게 되 며, 그다음 득점자가 2위 그다음이 3위 순으로 결정된다.

복식

복식은 2명이 한 조가 되어 4명으로 이루어진다. 서버가 서브를 하는 동안 파트너는 서비스 존의 양쪽 끝에 있는 서비스 박스에 들어가 있어야 하며, 서브된 볼이 전면을 맞고 쇼트 라인을 넘을 때까지 서버와 그 파트너는 쇼트 라인 밖으로 나오면 안 된다. 랠리 중 첫 번째 서버가 진 것을 핸드아웃이라 하며 다음 파트너가 서브하여 두 사람 이 모두 서브권을 잃으면 사이드아웃이 되어 서브권은 상대 팀에게 넘어간다.

랠리는 각 팀의 두 사람 중 아 무나 쳐도 좋다. 그러나 매 세트 (Set)의 첫 서브만은 한 사람만 허용되며 이후에는 양 팀이 처음 에 정한 순서대로 사이드아웃이 될 때까지 계속할 수 있다.

복식경기 2인 1조 4인 경기

심판과 라인즈맨

심판과 라인즈맨(Linesman)은 대회 심판 위원장 또는 대회 임원으로부터 지명된다.

라인즈맨은 서브의 쇼트 서브, 풋 폴트 서브, 리시버의 리시빙 라인을 넘어가는 것을 체크(Check)하며 스킵 볼(Skip Ball)에도 관여한다. 그러나 힌더에 대해서는 권한을 갖지 못한다. 어떠한 판정도 심판에 의해서 결정된다. 그러나 두 명의 라인즈맨이 쇼트 서브에 대하여 심판과 다른 판정을 내렸을 경우 심판의 판정은 번복될 수 있다.

심판과 같은 의견일 때는 엄지 손가락을 위로 향하게 한다.

심판과 반대 의견일 때는 엄지 손가락을 아래로 향하게 한다.

정확한 판단을 내리지 못할 경우 손을 벌려 양 손바닥이 아래를 향하게 한다.

제8장
라켓볼 기술

그립

그립(Grip)은 라켓볼의 기본적인 기술로서 라켓을 잡는 방법을 말한다. 어떤 그립을 선택하는가에 따라서 동작과 타법이 완성되고 그 그립에 맞는 근육과 체형이 발달되어 승패의 결정적인 역할을 하는 것이다.

그립을 잡는 힘은 악수를 할 때보다 약간 힘을 줘야 한다. 너무 세게 잡으면 손목의 부드러운 동작을 유지할 수 없게 된다. 반대로 너무 약하게 잡으면 손바닥에서 그립이 흔들려 정확성은 물론 힘 있는 샷을 할 수 없다. 그러므로 라켓을 잡는 법은 스윙에 따라서 적당한 힘의 균형을 유지하여 부드럽고 견고하게 잡는 것이 중요하다.

그립은 이스턴(Eastern), 백핸드 이스턴(Backhand Eastern), 또는 콘티넨탈(Continental)이 있다.

이스턴 그립(Eastern Grip)은 보편적인 그립으로 포어핸드 스트로크를 가장 강하게 칠 수 있는 장점을 갖고 있다. 반면에 백핸드가 약한 단점을 갖고 있어 스피드한 경기에서 그립을 바꿔 잡아야 하는 순간동작이 요구됨으로 많은 숙달이 필요하다.

반대로 백핸드 이스턴 그립은 백핸드 스트로크가 강한 반면에 포어핸드 스트로크에 약한 단점을 갖고 있다. 그러므로 상황에 따라 그립을 바꿔 잡아야 하는 어려움이 있어 이들 그립은 많은 노력과 숙달을 요한다. 그럼에도 불구하고 힘과 스피드로 게임을 리드하기 위해서는 반드시 이스턴 그립을 선택하는 것을 권하고 싶다. 지속적인 기술 성장을 위해서는 선택의 여지

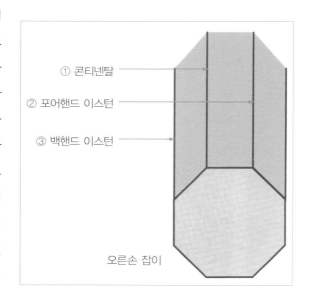

① 콘티넨탈

② 포어핸드 이스턴

③ 백핸드 이스턴

오른손 잡이

가 없다고 생각한다.

반면에 콘티넨탈 그립은 한 가지 그립으로 여러 가지 샷을 구사할 수 있어 스피드 경기에서 시간적인 여유를 가질 수 있고, 리시브나 리턴을 구사할 때 그립을 돌려 잡아야 할 필요가 없기 때문에 준비 동작에서 시간적 여유를 가질 수 있는 것이 장점일 수 있다. 그러나 스피드나 파워에 있어서는 포어핸드나 백핸드 샷을 마음껏 타구할 수 없는 것이 단점이라 할 수 있다. 그러므로 그립은 자신의 신체적 조건을 감안하여 선택하고, 가장 좋은 장점만을 선택해서 자신의 것으로 만드는 것이 중요하다.

(1) 포어핸드 이스턴 그립

포어핸드 이스턴 그립은 엄지손가락과 집게손가락의 교차점이 좌측 그림(오른손잡이) ②의 위치에 맞게 잡는다. 포어핸드 이스턴 그립은 핸들과 악수하는 형태로 셰이크 핸드 그립(Shake Hand Grip)이라고 한다.

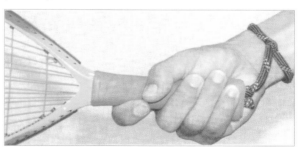
안쪽에서 본 그림

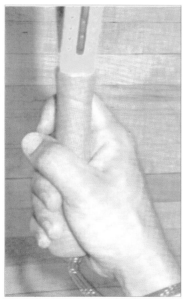
위쪽에서 본 그림

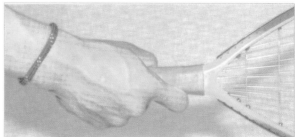
바깥쪽에서 본 그림

(2) 콘티넨탈 그립

엄지손가락과 집게손가락의 교차점 V자의 밑 부분이 그림(오른손잡이) ① 상부의 왼쪽 위로 올려 잡는다. 손의 형태에 따라 그립의 위치가 약간씩 다를 수 있다.

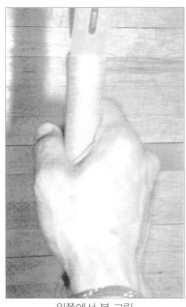
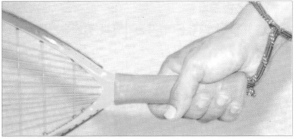

안쪽에서 본 그림

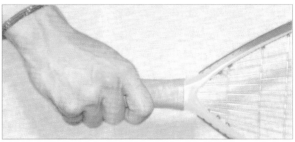

위쪽에서 본 그림

바깥쪽에서 본 그림

(3) 백핸드 이스턴 그립

백핸드 이스턴 그립은 엄지손가락과 집게손가락의 교차점이 그림(오른손잡이) ③의
위치에 맞게 잡는다.

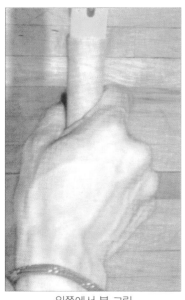
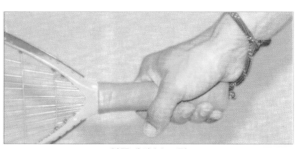

안쪽에서 본 그림

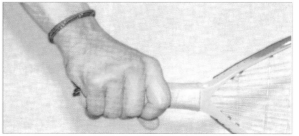

위쪽에서 본 그림

바깥쪽에서 본 그림

스트로크

(1) 포어핸드 스트로크

① 백스윙

백스윙(Backswig)은 스트로크(Stroke)를 하는데 있어서 힘과 스피드를 만드는 원초적인 동작으로 스트로크의 승패는 백스윙이 좌우한다 해도 과언이 아니다. 백스윙을 할 때에는 먼저 라켓을 자신의 몸으로부터 가장 가깝고 빠르게 백스윙을 해야 하며 허리와 어깨를 회전시킨 다음 팔꿈치를 최대로 들어 올려 라켓의 헤드를 자신의 머리 위치보다 위쪽으로 올린다.

이때에 체중은 양발을 견고하게 지탱하여 좌우로 밀리지 않도록 고정하는 것이 타구 방향의 정확성과 스피드를 결정하는 중요한 요인이 된다.

백스윙 상황

② 포워드 스윙

포워드 스윙(Forward Swing)은 임팩트 전에 이루어지는 동작으로 임택트의 성공 여부가 포워드 스윙에 의해서 결정된다. 이 동작의 순서는 팔굽이 라켓 헤드보다 먼저 나와야 하며 이때에 뒤쪽에 있는 무게중심을 앞으로 이끌면서 허리와 앞발에 계속적으로 이동시킨다. 이때 라켓을 잡지 않은 다른 손은 자연스럽게 허리가 돌아가는 쪽으로 이끌어준다.

포워드 스윙 상황

③ 임팩트

임팩트(Impact)는 포워드 스윙의 연장으로 이루어지는 결정적인 순간 동작이다. 이때 스윙의 연결 동작은 포워드 스윙 동작을 그대로 연결시켜 타점의 접촉면에 팔굽과 손목을 정확하게 일치시켜 순간적인 푸싱(Pushing)에서 히팅(hiting)으로 이끈다.

이때의 무게 중심을 낮추고 임팩트에서 푸싱으로 연결될 때까지 팔꿈치를 펴거나 손목의 스넵을 이용하면 안 된다. 또한, 시선은 끝까지 볼을 주시하여 푸싱에서 히팅의 단계로 정확하고 빠르게 연결시켜야 한다.

임팩트 상황

④ 푸싱과 폴로 스루

　폴로 스루(Follow Through)는 임팩트와 푸싱의 순간 동작을 마무리하는 마지막 스윙으로서 몸의 균형을 유지하는 것이 중요하며 무릎과 어깨가 앞으로 밀리지 않도록 잡아주는 것이 샷의 스피드와 정확도를 결정한다.

　다음은 라켓을 자연스럽게 어깨 위쪽으로 들어 올리며 균형을 유지해준다.

푸싱과 폴로 상황

(2) **백핸드 스트로크**

① 백스윙

백스윙은 가능한 자신의 몸에서 가깝고 빠르게 뒤로 올린다. 이때의 동작은 체중을 뒷발에 이동시키면서 허리와 어깨를 후면 방향으로 회전시킨다. 이때에 팔꿈치는 어깨보다 위에 있어야 하며 손목을 돌려 라켓의 헤드(Head)가 후면을 향하게 하고 다른 한 손은 어깨와 팔꿈치 사이에 가볍게 붙이거나 손목 위로 가볍게 올려 일치감을 유지한다.

백스윙 상황

② 포워드 스윙과 임팩트

백스윙이 끝나면 라켓을 볼 방향으로 스윙한다. 이때에 체중을 앞발로 이동하면서 허리와 어깨를 부드럽게 회전시킨 다음 무게 중심을 서서히 앞쪽으로 이동시켜 볼을 임팩트 한다. 다음으로는 하체가 앞으로 무너지지 않도록 주의하는 것이 중요하다.

포워드 스윙과 임팩트 상황

③ 푸싱과 폴로 스루

볼이 라켓에 닿는 순간 팔은 완전히 펴서 푸싱과 스냅으로 연결한다. 라켓은 타구한 방향으로 수평을 유지한 다음 서서히 들어 올린다. 이때에 무릎은 스윙이 완전히 끝날 때까지 굽혀서 균형을 유지하며 시선은 볼을 끝까지 주시해야 한다.

푸싱과 폴로 스루 상황

서브

라켓볼에서 서브보다 중요한 무기는 없다. 모든 득점은 서브로 시작되기 때문이다.

서브는 게임에서 상대방의 위치를 충분히 인지하고 리턴할 수 있는 준비를 충분히 하게 하는 스트로크이다. 서브를 넣는 사람은 무엇을 해야 하는지 계획할 많은 시간이 있고 계획을 구사할 여지가 많으며 점수를 얻을 수 있는 이점을 가진다.

좋은 서브는 리시버가 정확한 킬 샷과 패싱(Passing) 샷으로 리턴한다 해도 그 샷은 세이프티 존에 자리 잡고 있는 서버를 패싱하기란 그리 쉬운 것은 아니다. 서브는 포어핸드 스트로크와 같은 방법으로 타구하며 임팩트 시

드라이브 서브

앞발에 체중을 이동하여 완전한 동작으로 타구할 수 있는 것이 또한 장점이다. 초보자에게는 스피드보다 정확성을 개발하는 것이 실력 향상은 물론 기술 습득에도 매우 효과적이다.

강한 서브는 에이스 확률을 갖고 있으면서 반대로 볼이 강해서 후면이나 측면을 맞고 나와 상대에게 찬스를 만들어 주는 단점도 갖고 있다. 그러므로 서브는 스피드(Speed)와 정확성을 요하는 서브와 상대가 예측하기 어려운 Z 서브나 리턴을 어렵게 하는 로브 서브를 경기상황에 따라 함께 구사하는 것이 효과적이다.

⑺ **서브의 방법**

서브 종류에 따른 방향을 지적해주는 표지판과 같은 것으로 서브하는 방법을 알려준다. 예) Z 표적은 Z서브가 된다.

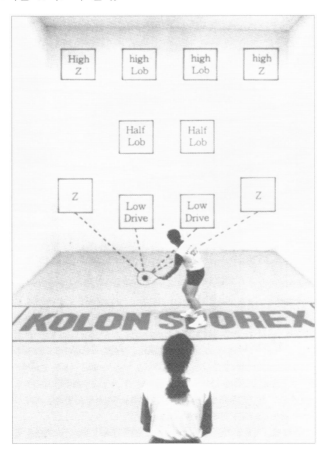

(1) 드라이브 서브

드라이브 서브(Drive Serve)는 다른 어떠한 서브보다 힘과 스피드를 요하는 서브이다. 볼의 속도가 빠르고 순간적인 동작으로 서브를 하기 때문에 리시버로 하여금 리턴을 할 수 있는 시간적인 여유를 주지 않는 장점을 갖고 있다. 드라이브 서브는 가능한 낮고 빠르게 상대의 코너 깊숙이 서브하여 그 볼이 측면을 맞고 구르게 하거나 바닥에 겨우 바운드될 만큼 빠르고 낮게 떨어져 리시버로 하여금 리턴을 어렵게 한다. 이 서브는 보편적인 서브이면서 에이스의 확률이 가장 많은 서브이다.

드라이브 서브의 연속 동작

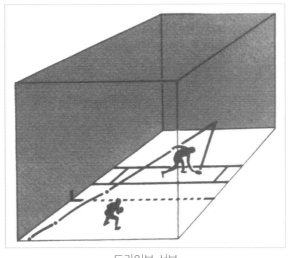

드라이브 서브

⑵ 로브 서브

　로브 서브(Lob Serve)는 높은 볼 처리에 미숙한 사람과 드라이브 서브 리턴에 익숙하다고 느껴질 때 사용하며 서브가 느리고 약한 만큼 상대의 리턴을 약하게 하는 장점을 가지고 있는 서브이다.

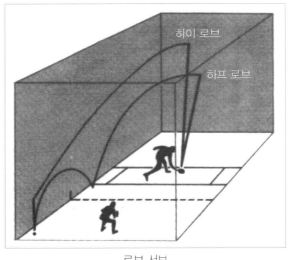

로브 서브

① 하이 로브 서브

천장에 직접 맞지 않도록 천장 아래 1m 지역에 맞추어 리시버의 백 코너 깊숙이 측면 하단부에 맞게 한다. 여기에서 주의해야 할 것은 서브가 너무 짧지 않게 할 것과 리시버가 이 서브를 예측하지 못하도록 해야 한다. 하이로브 서브는 경기 중에 상대의 리듬을 깨는 데 효과적인 서브이며 상대의 심리를 자극하는 서브이기도 하다.

② 하프 로브 서브

하프 로브 서브는 볼을 전면의 중간 높이에 서브하고 그 바운드가 세이프티 존 안에 떨어지게 하여 제2 바운드는 후면 코너에 떨어지게 한다. 이 서브는 리시버가 세이프티 존 안에서 리턴할 수 없는 점과, 타점이 높아져 천장으로 볼을 되받아 쳐야하기 때문에 상대의 리턴이 어렵다는 점이 특징이다.

(3) Z 서브

Z 서브는 이름에서 나타나는 것처럼 Z형의 형태에서 유래되었다. Z 서브는 3면을 이용하기 때문에 상대는 볼의 변화에 당황하게 되고, 갑작스런 바운드의 변화가 괴이하고 복잡해서 리시버는 완전한 리턴을 기대할 수 없다.

Z 서브는 스피드와 각도에 따라 변화를 가져오며 서버의 서브 위치가 그 변화를 결정한다. 그러므로 경기 중에 적절하게 이용한다면 큰 효과를 얻을 수 있다.

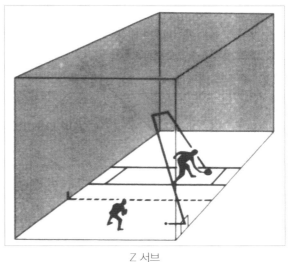

Z 서브

① 로 Z 서브

로 Z 서브(Low Z Serve)는 드라이브 서브와 같은 방법으로 힘과 스피드를 요하는 서브이다. 로 Z 서브는 낮고 빠르게 정확한 각도로 상대의 백 코너 깊숙이 서브된다면 에이스는 그리 어렵지 않다. 그러므로 Z 서브는 드라이브 서브와 같은 방법으로 변형하여 사용한다면 리시버는 당황하여 리턴을 한다 해도 만족한 리턴이 되지 못할 것이다.

② 하이 Z 서브

하이 Z 서브(High Z Serve)는 속도의 변화를 주는 서브로서 로브 서브와 같은 방법으로 서브하여 그 바운드가 상대의 백 코너 측면을 맞게 한다.

이때의 서브는 볼의 스핀과 강약에 따라서 그 바운드가 괴이하여 리시버의 리턴을 어렵게 한다.

(4) 크로치 서브

크로치 서브(Crotch Server)는 스피드와 정확성을 요하는 서브로서 방법은 측면과 바닥의 접합 면을 동시에 맞추는 것이다. 또한 바운드가 거의 없어 리시버에게 좋은 리턴의 기회를 주지 않는다. 크로치 서브는 전략적인 측면으로 생각할 때 기습 공격을 하는 데 가장 효과적인 서브이다.

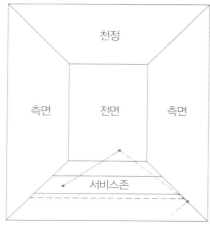

포어핸드 사이드 크로치 서브

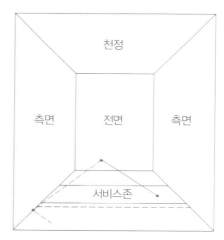

백핸드 사이드 크로치 서브

(5) 사이드 앵글 서브

사이드 앵글 서브(Side Angle Serve)는 4면을 이용하는 서브로서 상대의 체력이 감소되었을 경우 또는 정신력이 해이해져 있을 때 효과적인 서브로써 드라이브 서브처럼 강한 힘과 스피드를 요하는 서브이다.

이 서브는 쇼트 라인 뒤쪽 측면을 맞고 대각선으로 후면을 맞은 다음 다시 측면에 맞는다. 이때의 볼의 스핀(Spin)이 매우 빠르고 서버의 힘과 각도의 변화에 따라 그 형태가 다양하여 리시버의 리턴을 어렵게 하는 서브이다.

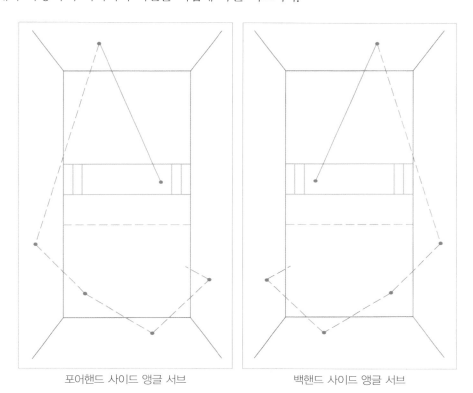

포어핸드 사이드 앵글 서브   백핸드 사이드 앵글 서브

(나) 서브의 전략

① 게임의 시작은 서브에서 이루어진다. 다채로운 서브를 가지고 있는 것은 이미 상대를 한 발 리드(Lead)하고 있는 것이다. 아무리 상대가 좋은 킬 샷을 가지고 있다 해도 서브 에이스를 한다면 그러한 특기도 발휘하지 못하고 끝날 것이다. 그러나 서브의 위력만을 너무 의지해서도 안 된다.

② 대부분의 서브는 상대의 백핸드 방향을 겨냥하여 치는 것이 상식이지만 때로는 거꾸로 상대의 포어핸드 방향 또는 Z 서브를 병행한다면 효과적이다.

③ 서브는 스피드, 코스, 높이, 각도 등을 바꾸어 상대가 예측할 수 없도록 변화 있는 서브를 한다.

④ 서브 에이스를 얻는 코스와 각도를 확실하게 기억해둔다. 에이스를 범한 리시버는 다소 마음의 변화가 생기므로 다음 서브는 반대 방향으로 치면 효과적이다. 또한 과감하게 똑같은 코스를 겨냥해보는 것도 좋을 것이다. 그러나 세 번씩이나 같은 코스를 치는 것은 좋지 않다.

⑤ 실링 리턴을 특기로 하는 선수에게는 로 드라이브 서브(Low Drive Serve)나 Z 서브를 사용한다. 반대로 킬 샷 리턴을 주특기로 하는 선수는 하이 로브 서브가 효과적이다.

⑥ 리시버에게 서브의 방향을 알게 해서는 안 된다. 같은 폼으로 좌우에 볼을 자유롭게 컨트롤(Control)할 수 있도록 손목을 강하게 단련시켜야 한다.

⑦ 리시버의 위치를 정확하게 확인해야 한다.

⑧ 서버는 서브 후 센터 코트를 확보하고 볼의 진행 방향을 간파하여 상대의 리턴 동작을 관찰한다.

⑨ 폴트 서브는 절대 피해야 한다. 서브권을 중요하게 여겨 유지함과 동시에 상대에게 힘들이지 않고 찬스나 득점을 허용해서는 안 된다.

⑩ 서브의 위치를 변경함으로써 다채로운 서브를 만들어 낼 수 있다.

샷

샷의 기본은 포어핸드, 백핸드 또는 오버핸드, 스매싱으로 코트의 6면을 다양하게 활용하는 모든 기술의 총체로서 경기를 이끄는 기본 기술이라 할 수 있다.

〈프론트 코트 샷의 상황〉

1. 핀치 킬 샷
2. 다운 더 라인 킬 샷
3. 다운 더 라인 패싱 샷
4. 스트레이트 로브 샷
5. 하이 Z 샷
6. 크로스 코트 로브 샷
7. 크로스 코트 패싱 샷
8. 크로스 코너 샷

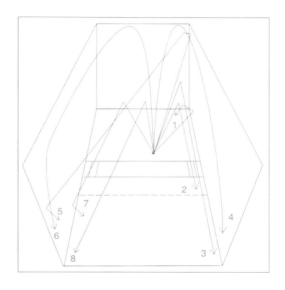

〈백 코트 샷의 상황〉

1. 핀치 샷
2. 다운 더 라인 킬 샷
3. 다운 더 라인 패싱 샷
4. Z 샷
5. 로브 샷
6. 실링 샷
7. 크로스 코트 패싱 샷
8. 사이드 앵글 샷

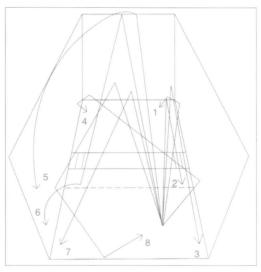

㈎ 킬 샷

킬 샷(Kill Shot)은 매우 결정적인 샷으로 볼이 전면에 맞고 빠르게 결정되는 샷이다. 잘하는 선수는 킬 샷에 능통하여 기회를 쉽게 잡는다. 반면에 킬 샷은 바닥에 가까이 쳐야 하기 때문에 결정적인 확률과 실패의 확률을 같이한다. 그러므로 무리한 킬 샷은 역효과를 만들며, 강한 킬 샷을 위해서는 스트로크의 위치를 여유 있게 잡는 것이 중요하다.

완전한 킬 샷의 선택은 코트의 상황과 그 위치가 결정한다.

⑴ 킬 샷의 상황

① 센터 코트에 위치하여 상대가 자신의 뒤에 있을 경우

② 후면으로부터 튀어나온 볼이 서비스 존 안쪽 또는 프런트 존 안에 들어갔을 경우

③ 상대가 친 실링 샷이 짧았을 경우

④ 상대가 코트의 좌우 어느 쪽엔가 치우쳐 있을 경우

⑤ 상대가 어쩔 수 없이 후면으로 쳐낸 볼이 전면을 맞고 후면으로부터 되돌아 나왔을 경우

⑥ 상대가 프런트 존에 있을 경우

⑵ 다운 더 라인 킬 샷

다운 더 라인 킬 샷(Down the Line Kill Shot)은 볼이 측면을 따라 평행으로 낮게 하여 후면을 맞기 전에 두 번 바운드 되도록 하는 샷이다.

포어핸드 다운 더 라인 킬 샷

백핸드 다운 더 라인 킬 샷

(3) 크로스코트 패싱 킬 샷

크로스코트 패싱 킬 샷(Crosscourt Passing Kill Shot)은 볼을 전면 중심에 V자형
으로 맞춰 반대 측 옆 코너로 친다. 이때의 볼은 후면을 맞기 전에 두 번 바운드 되도
록 하는 샷이다.

포어핸드 크로스 코트 패싱 킬 샷

백핸드 크로스 코트 패싱 킬 샷

⑷ 오버헤드 킬 샷

오버헤드 킬 샷(Overhead Kill Shot)은 상대의 실링 샷이나 로브 샷을 머리 위에서 전면 코너에 내리치는 샷으로 손목의 유연성과 각도 힘의 조화가 중요하다. 정확한 오버헤드 킬 샷은 상대가 예측할 수 없어 리턴이 어렵게 된다. 그러나 경기에 미숙한 선수에게는 찬스를 내주는 위험 부담도 갖고 있다. 오버헤드 킬 샷은 상대가 체력이 약화 되었을 경우 또는 후면 가까이에 있을 때 효과적이며 속임수로도 사용할 수 있다.

포어핸드 오버헤드 킬 샷

백핸드 오버헤드 킬 샷

(5) 프런트 월 킬 샷

프런트 월 킬 샷(Front Wall Kill Shot)은 볼을 전면에 겨냥하여 스트레이트나 크로스로 리바운드 되도록 전면에 직접 때리는 샷으로서 상대가 좌측이나 우측으로 치우쳐 있을 경우 최대의 효과를 얻을 수 있다.

〈프런트 월 킬 샷의 상황〉

상대가 우측에서 치우쳐 있을 경우

상대가 좌측에 치우쳐 있을 경우

⑹ 핀치 샷

핀치 샷(Pinch Shot)은 상대에게 중심 이동과 순간적인 반응을 예측하기 어렵게 하는 샷이다. 또한 빠르고 낮기 때문에 코너에서 볼의 스피드가 떨어져서 리턴을 불가능하게 한다. 핀치 샷은 자기보다 상대가 뒤쪽에 있을 때 또는 다른 한쪽으로 치우쳐 있을 경우 최대의 효과를 얻을 수 있는 샷이며 경기 중에 결정적인 샷으로 많이 사용된다.

〈핀치 샷의 상황〉

상대가 우측 뒤에 있을 경우

상대가 좌측 뒤에 있을 경우

상대가 중앙 뒤에 있을 경우

⑺ **실링 샷**

실링 샷(Ceiling Shot)은 천장을 겨냥하여 타구하는 샷으로 볼의 스피드와 각도에 따라 그 변화와 기술은 다양하다. 이 샷은 상대가 프런트 코트에 있을 때 의도적으로 상대를 뒤쪽 코너로 깊숙이 보내고자 할 때 사용된다. 실링 샷은 스피드와 방향을 정확하게 조절하면 상대를 프런트 코트에서 뒤로 물러나게 하고 상대로 하여금 머리 높이에서 볼을 강제로 다루게 하여 어려운 리턴이 되게 한다. 동시에 프런트 코트를 점령하여 득점의 기회를 잡는 것이 실링 샷의 기본 전략이다.

〈실링 샷의 상황〉

① 서비스 리턴 할 때 : 센터 코트를 확보
   하기 위한 경우

② 상대가 센터 코트를 점유하고 있을 때
   : 상대를 센터 코트로부터 밀어낼 경우

③ 자세를 잃었을 때 : 자신이 정상적인
   자세를 취하기까지의 시간을 벌기 위
   한 경우

④ 상대의 공격이 완벽할 때 : 경기의
   흐름과 리듬을 바꾸고 상대의 기세를
   흩트리고자 할 경우

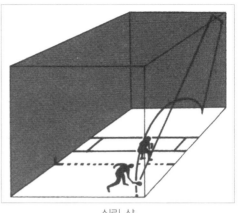

실링 샷

⑤ 스테미너 분배와 호흡을 조절할 때 : 잠깐의 시간적 여유가 생기고 숨을 돌릴 여
   유가 생긴다. 경기 중에 흥분되어 있을 시 긴장을 풀기 위해서도 효과적이다.

(8) 로브 샷

로브 샷(Lob Shot)은 실링 샷과 비슷
하여 힘과 정확성만 제대로 하면 실링 샷
과 같은 효과를 얻을 수 있다. 볼을 전면
천장 가까이에 타구하여 그 바운드가 높
게 아치(Arch)를 그려 후면과 측면에 가
까이 닿게 하여 상대로 하여금 리턴을 불
가능하게 한다. 로브 샷의 목적은 실링
샷과 같이 상대를 백 코너로 몰아 넣어
기회를 포착하는 데 있다.

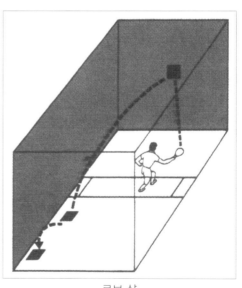

로브 샷

(9) 드롭 샷

드롭 샷(Drop Shot)은 순간적인 기술로서 짧은 스윙으로 전면 코너에 밀어 넣는 샷
을 말한다. 이 샷은 상대가 백코트 깊숙이 있을 때 효과적인 방법으로서 순발력과 판

단력, 손목의 정확성을 요하는 매우 재치있는 샷이다.

① 포어핸드 드롭 샷

볼 방향으로 체중을 이동한다   부드럽고 견고하게 임팩트한다   볼의 스피드를 줄여
목표지에 밀어 넣는다

② 백핸드 드롭 샷

볼 방향으로 체중을 이동한다   시선은 볼을 주시하고
거리를 확보한다   볼의 스피드를 줄여
목표지에 밀어 넣는다

⑩ **백 월 샷**

백 월 샷은 볼을 전면으로 타구 할 수 없는 상황에서 뒷벽으로 볼을 쳐서 앞 벽에 도달하게 하는 샷을 말한다.

이 샷은 테니스의 로브 샷과 같아서 상대 선수에게 찬스를 만들어 주는 기회를 제공하기 때문에 가능하면 사용하지 않는 것이 유리하다. 그럼에도 불구하고 백 월 샷을 해야 할 상황이라면 유의해야 할 부분이 있다.

첫째, 백 월 샷은 일반 샷과는 달라서 볼을 뒷벽으로 쳐서 12m 거리의 앞 벽까지 도달해야 하기 때문에 샷을 수평적 개념으로 생각해서 타구한다면 아무리 강하게 쳐도 앞 벽에 도달할 수 없게 된다. 따라서 백 월 샷의 기본은 각도의 개념으로서 45°를 유지하여 포물선을 그리는 방식으로 들어 올리면 적은 힘으로도 넉넉히 프론트 월에 도달할 수 있다.

둘째, 백 월 샷은 뒷벽 가까이에서 샷을 해야 하기 때문에 신체에 맞을 수 있는 가능성이 많다. 따라서 백 월 샷은 자세를 낮추고 볼을 치는 순간 얼굴을 볼 반대 방향으로 둘러 줌으로서 부상을 예방할 수 있다.

셋째, 백 월 샷을 시도할 때에는 순간적인 판단으로 각도의 개념을 생각하여 상대 선수에게 최대한 찬스를 주지 않기 위해서 볼이 상대의 백코트 백핸드 방향으로 높게 바운드 되게 하여 결정적인 샷을 할 수 없도록 하는 것이 중요하다.

임팩트 시 45° 방향으로 타구한다

볼을 주시하고 뒷벽 방향으로 뛰어간다

임팩트 시 자세를 낮추고 고개를 돌린다

볼이 뒷벽을 맞고 나오는 지점을 가늠한다

〈백 월 샷의 상황〉

한병구 재활 라켓볼

⑴ 발리 샷

테니스와 같이 바닥에 바운드 되어 치는 하프 발리(Half Volley)와 직접 치는 다이렉트 발리(Direct Volley)의 두 종류가 있다.

테니스와 달리 네트가 없으므로 실패도 적고 쉬운 샷이라고 할 수 있다. 그러나 어디서든지 발리를 한다고 좋은 것은 아니다. 센터 코트를 점유하고 있을 때 볼이 허리 이하의 높이로 통과할 경우에는 발리로서 킬 샷이나 핀치 샷을 하는 것이 기본이다.

만약 발리를 하지 않을 경우에는 그 볼이 후면을 맞기 전에 두 번 바운드 되어 아웃이 된다. 그러므로 허리 이하의 볼을 발리 샷을 할 것인지 아니면 가슴 높이 이상으로 통과되는 볼을 후면으로 보내 되돌아온 볼을 킬 샷으로 처리할 것인지를 선택하여 샷을 해야 한다. 우수한 선수는 찬스 볼을 만들기 위해 센터 코트를 확보하고 발리로 상대를 좌우로 뛰게 하여 상대가 지쳤을 때 또는 완전한 찬스를 만들어 킬 샷으로 결정하는 경우도 있다.

발리 샷의 장점이라 할 수 있는 것은 백코트에서 쳐야 할 볼을 센터 코트에서 치기 때문에 상대 선수에게 준비할 시간적 여유를 주지 않아 속공으로 활용하면 유리하게 경기를 이끌 수 있다.

포어핸드 발리 샷

백핸드 발리 샷

⑿ 다이빙 샷

다이빙 샷은 공격자의 결정적인 샷에 대하여 수비자가 한계를 넘어선 리턴 샷으로서 몸을 날려 다이빙으로 쳐내는 샷을 말한다.

다이빙 샷의 유형은 다양하고 극적인 역동작이 많아 부상을 입을 수 있다. 따라서 다이빙 샷은 최대한 몸을 낮추어서 다이빙하는 것이 몸의 충격과 부상을 최소화할 수 있다.

  다이빙 샷은 라켓볼 경기에 있어서 최후의 샷이라 할 수 있고 죽은 볼을 살려내는 기적과 같은 볼이라 할 수 있으며 이 샷은 극적인 반전을 만들어 내는 마술과도 같은 샷이다.

다이빙 샷은 두려움이 없어야 한다

볼의 방향과 스피드를 가늠한다

몸을 낮추어 볼 방향으로 이끈다

임팩트 순간을 정확하게 포착한다

볼을 순간적으로 타구한다

충격을 분산하도록 무릎을 들고 배로 미끄러진다

〈다이빙 샷의 상황〉

⒀ **사이드 월 플레이**

사이드 월 플레이(Side Wall Play)는 측면에서 일어나는 볼의 변화에 대한 샷으로 두 가지 형태로 나누어진다.

하나는 측면을 맞기 전에 샷을 하는 것과 또 다른 하나는 측면을 맞고 라켓으로 칠 수 있는 공간이 생겼을 때 샷을 하는 것이다. 사이드 월 플레이를 잘하기 위해서는 볼의 관찰력과 마음의 여유 즉, 인내가 필요하다. 잘하는 선수에게는 여러 가지 형태의 샷을 구사할 수 있는 기회가 주어지나 초보자에게는 상당히 어려운 플레이다. 볼이 측면에 붙어오면 심리적으로 불안해져 급하게 서두르는 경우가 많다. 대부분의 실수는 그런 데서 나오므로 항상 마음의 여유를 갖고 볼의 변화를 끝까지 관찰하여 결정하는 것이 바람직하다.

볼의 변화를 주시하여 타점을 정한다

볼이 옆벽을 맞고 나올 때 타구한다

자세를 낮추고 임팩트 지점까지 침착하게 기다린다

볼이 사이드 월과 수평을 유지할 경우 볼을 찍어 친다

볼을 끝까지 주시하고 포기해서는 안 된다   사이드 월과 부딪히지 않도록 균형을 잡아야 한다

⒁ 백 월 플레이

백 월 플레이(Back Wall Play)는 볼이 후면을 맞고 바운드 되어 나오는 형태에 대한 샷을 말한다. 어쩌면 라켓볼의 가장 기본적이며 효과적인 샷이라 할 수 있다. 이 샷은 잘하는 선수에게는 킬 샷의 찬스를 주지만 초보자에게는 그리 쉬운 샷이 아니어서 포어핸드나 백핸드 스트로크보다 시간과 노력이 필요하다. 초보자는 정확한 볼의 바운드 위치와 타이밍을 맞추기란 쉬운 것이 아니어서 당황하고 자세가 경직되어 실수가 많이 나온다. 그러나 일단 자리 잡는 방법을 이해하게 되면 그렇게 어려운 것은 아니다.

백 월의 상황은 크게 두 가지 형태로 나누어진다. 첫 번째 전면을 맞고 바운드 없이 직접 후면을 맞고 나오는 샷으로 그 바운드가 길게 되어 코트 중앙 부근에 바운드 된다. 이때에는 볼의 스피드와 볼이 후면에 맞고 나오는 위치를 파악하여 중앙 부근에서 미리 준비 자세를 취하는 것이 중요하다.

두 번째는 전면을 맞고 바닥에 한 번 바운드 되어 후면에 맞고 나오는 샷으로 이때는 바운드가 길지 않으므로 볼이 맞고 나오는 위치를 잘 파악해야 한다.

참고로 백 월 샷을 가능하면 상대 선수에게 허용하지 말아야 한다. 잘하는 선수에게는 쉽게 킬 샷으로 포인트 할 수 있는 기회를 주기 때문이다.

시선은 볼을 주시하고

볼의 낙하지점을 가늠한다

자세를 백 월 방향으로 돌린다

백스윙과 함께 임팩트 지점까지 기다린다

무릎을 굽히고 하체를 고정시켜 자세를 견고하게 한다

라켓을 임팩트 방향으로 빠르게 스윙한다

볼을 히팅과 함께 라켓을 빠르게 접어 올린다

마지막 자세가 무너지지 않도록 균형을 잡는다

〈백 월 플레이의 상황〉

⑴⑸ 점프 플레이

점프 플레이는 공격자가 샷을 하는 순간에 점프를 해줌으로써 힌더 상황을 피하고 전략적으로 센터 코트를 점유하는 고도의 기술적인 플레이라 할 수 있다.

점프 플레이의 상황은 자신이 친 볼이나 상대 선수가 친 볼이 자신의 몸쪽으로 날아올 때 또는 좌우로 피할 시간적 여유가 없을 때 점프 플레이를 시도한다.

다른 유형의 점프 플레이는 상대 선수가 친 볼이나 자신이 친 볼이 백 월을 맞고 튀어나올 때 또는 센터 코트를 점유할 목적으로 좌우로 피하지 않고 전략적으로 점프 플레이를 시도 한다.

최대한 무릎을 들어 올린다

상대가 샷을 하는 순간에 점프를 한다

점프 시 임팩트 위치를 파악해야 한다

점프 후에는 균형을 유지해야 한다

〈점프 플레이의 상황〉

제9장
경기의 전략

대부분의 초보자들은 상대방을 이기기 위해서는 가능한 한 볼을 세게 쳐야 한다고 잘못 생각하고 있으나 효과적으로 게임을 이끌려면 코트의 위치와 경기의 형태를 알고 있어야 한다. 그중 단식에서 가장 중요한 것은 코트의 위치 선정이다. 적당한 코트의 위치를 선정함으로써 불필요한 스텝을 제거하고 공격 자세를 갖게 하여 경기를 승리로 이끌 수 있다.

적절한 위치 선정은 상황마다 다르나 대개 코트 중앙에서 시작한다. 코트의 중앙에서 볼을 컨트롤해야 하는 주된 이유는 어떤 볼이라도 칠 수 있어야 하기 때문이다. 그러므로 상대가 리턴 샷을 못하게 완벽한 킬 샷을 해야 한다.

초보자가 많이 하는 실수는 주로 전면 너무 가까이에서 하는 것이다. 코트의 중앙을 야구의 홈베이스(Home Base)라고 생각하고 샷을 한 후 센터 코트에 위치하여 경기를 하는 것이 유리하다. 코트의 중앙은 선수가 서로 차지하려고 한다. 그러므로 중앙을 누가 점령하느냐에 따라 경기의 승패가 좌우된다.

선수는 누구나 중앙을 차지하고 싶을 것이다. 그렇다면 여러 가지 다양한 샷을 이용하여 상대를 중앙에서 끌어낼 수 있어야 한다.

단식의 전략

(1) 서브

단식의 경우 서브는 서비스 존 내에서 해야 한다. 대부분 서비스 존 중앙에서 이루어지는데 정확한 속도와 각도를 습득한다면 서브를 원하는 대로 할 수 있다.

서브를 넣고 나서 쇼트 라인 뒤로 두 발자국 물러나는 이 동작은 코트의 중앙 부분을 차지하게 된다. 만약 서브를 왼쪽으로 했다면 왼쪽 뒤로 한 발자국 물러선다.

이제 머리를 옆으로 바로 보면 상대의 리턴 모습을 보고 예상하여 준비할 수 있다. 반대로 전면으로 얼굴을 바로 보면 상대의 리턴 동작을 볼 수 없어 다음 동작을 예측하지 못한다.

서브할 때의 위치는 로 존(Low Zone)과 하이 존(High Zone)이 있는데, 로 존은 무릎의 높이에서 서브를 하는 것으로 드라이브 서브와 로 Z 서브를 할 수 있다.

하이 존은 가슴 부위에서 서브를 하는 것이다. 이 존에서 할 수 있는 서브는 로브 서브와 하이 Z 서브이다. 이곳에서 서브는 별 실수가 없고 리시버의 약한 리턴을 유도할 수 있다.

선수는 서브와 샷에 있어 상대의 어떤 점이 약한가를 전략적으로 간파해야 한다. 경기 중에 여러 종류의 서브를 구사하여 상대에게 혼란을 주어 리턴을 어렵게 하고, 특히 상대의 백핸드 지역으로 서브를 주는 것이 효과적이다.

서브를 끝낸 서버는 그대로 있지 말고 쇼트 라인 뒤로 발걸음을 옮겨 경기 자세를 취한다.

그러면 센터 코트에서 볼을 컨트롤할 수 있을 것이다.

(2) 리시브

서브와 더불어 중요한 것은 서브 리턴의 위치 선정이다. 단식일 때 리턴의 위치는 후면에서 1m 또는 1.5m 떨어진 백코트 중앙이 적당하다. 이 지점에서는 양 사이드 모두 커버할 수 있고 서브 에이스를 줄일 수도 있다.

리시버의 준비 자세는 발을 어깨너비보다 넓게 하고 무릎과 허리를 약간 굽혀서 몸의 중심을 앞에 두며 시선은 볼을 주시한다. 볼이 원하는 코스에 올 것으로 집착하지 말고 어떤 서브든 리턴할 수 있다는 확신을 가져야 한다. 또한, 가능하다면 상대의 서브 자세를 파악하여 어떤 서브가 나올지 예측하고 가능한 공격적 리턴을 시도한다.

리시버는 서브된 볼을 백코트에서 리시브한 다음 빠른 수비 형태를 갖추어야 한다. 리시버가 서버를 코트 중앙에서 쫓아내기 위해서는 실링 샷이나 패싱 샷을 이용하여 자리가 바뀌게 되면 리시버에게 유리해진다. 기억해야 할 것은 가능한 한 상대방으로부터 볼을 멀리 쳐내는 것이다.

(3) 랠리

랠리는 항상 코트 중앙에 위치하여 상대를 여기서 밀어내는 샷을 한다. 센터 코트를 지나는 샷은 상대에게 좋은 기회를 주므로 가능한 상대방 멀리 볼을 치는 것이 키 포인트(Key point)이다. 볼 컨트롤에 자신이 있으면 경기 중에 상대가 어디 있는지 알아보고 볼을 칠 수 없도록 될 수 있으면 멀리 보낸다.

한 가지 주의할 점은 랠리 중에도 크로스코트 샷을 하는 것이다. 이 샷은 볼이 후면까지 똑바로 가지 않게 하여 센터 코트에서 리바운드 되게 함으로써 상대를 센터 코트에서 밀어내고 공격자가 이 지역을 차지하게 하는 효과적인 샷이다.

상대가 뒤에 있을 경우 모든 샷은 측면을 이용한 컷 샷(Cut Shot)을 한다. 측면에 샷을 함으로써 상대가 리턴하는데 예측하기 어렵고 볼의 속도가 급속히 떨어져 상대의 리턴을 어렵게 한다.

상대가 혹시 센터 코트 앞에 위치해 있을 때는 패싱 샷과 실링 샷이 효과적이다. 이들 샷을 통하여 상대방을 백코트로 밀어내고 다시 센터 코트를 점유함으로써 유리한 경기를 할 수 있다.

복식의 전략

라켓볼의 복식 경기에는 훌륭한 선수가 많이 있다. 이것은 단식 경기가 변형된 게임으로써 단식보다 힘은 덜하지만, 한층 재미있고 협동심이 요구되는 경기이다.

두 사람이 미리 위치 선정이나 전략을 세우지 않으면 한 조로 경기하기란 힘들다. 서로 잘 상의하여 경기 중에 한 사람이 콜을 외치고 그 샷을 리턴하면 아무 문제가 없다. 효과적인 방법으로 '마이 볼(My Ball)' 한다든지 서로 약속을 한다. 실수를 줄이기 위해서 모든 볼에 대해 콜을 하는 것이 중요하다.

(1) 병렬 형태

가장 효과적인 형태로서 두 선수가 코트의 절반씩 맡는다. 이때 자기 구역을 벗어날 필요가 있을 때는 빈자리에 가서 샷을 한다.

만약, 두 선수가 왼손잡이와 오른손잡이라면 포어핸드 샷으로 패싱 레인과 서비스 존을 모두 커버(Cover)할 수 있을 것이다. 이렇게 되면 아주 약한 지역에서 누가 샷을 막아낼 것인가 결정할 수 있게 된다. 가능하면 백핸드에 자신 있는 사람이 이를 맡는 것이 좋다.

〈병렬 형태의 상황〉

(2) 대각선 형태

대부분의 오른손잡이들로 구성된 팀은 변형된 대각선 형태가 좋다. 백핸드가 강한 사람은 왼쪽, 그리고 오른쪽을 맡은 선수는 오른쪽 전면 코너를 맡는다. 왼쪽에 있는 사람은 일반적으로 약간 길게 백핸드로 방어한다. 이 위치는 코트를 커버하는 대각선 형태이다. 이렇게 함으로써 둘 다 기량을 충분히 발휘할 수 있다.

〈대각선 형태의 상황〉

(3) 직렬형태

직렬 형태는 한 사람은 앞에, 한 사람은 뒤에 자리를 잡는다. 앞의 선수는 코트를 빠르고 공격적으로 누벼야 하며 기량이 뛰어나야 한다. 반면 뒤에 있는 선수는 코트 깊은 곳에서도 실링 샷과 컨트롤이 좋아야 한다.

〈직렬형태의 상황〉

센터 코트의 전술

단식과 같이 복식에서도 되도록 전면 가까이에서 샷을 한다. 그러면 더 정확히 샷을 할 수 있는 기회가 온다. 상대가 뒤에 있고 부분적으로 시야를 가리지 않으면 볼을 보기는 더 쉽다. 결국 상대 선수 부근에서 샷을 하지 않기 때문에 킬 샷을 넓고 다양하게 할 수 있게 된다.

서브는 서비스 존 중앙에서 하고 리시브는 항상 센터 코트의 반대 방향으로 리턴을 해야 한다.

(1) 서브

복식에서 서브를 넣지 않는 사람은 서비스 박스 내에 있어야 한다. 단식과 같이 서비스 존에서 서브하며 서버의 라켓에서 볼이 타구된 다음 쇼트 라인이나 서비스 박스에 관계없이 두 사람은 코트 중앙을 차지하기 위해 움직인다.

적절한 서브는 복식 경기에서도 중요하다. 단식처럼 백 코너에 목표를 두고 힘보다는 정확도를 중시해야 한다. 또한 서브는 리시버의 위치에 따라서 예측하기 어려운 Z 서브로 공략하는 것도 좋은 방법이라 할 수 있다.

기억해야 할 것은 센터 코트를 항상 염두에 두어야 한다.

(2) 리시브

리시브하는 팀은 샷을 이용하여 상대 팀이 센터 코트를 벗어나게 해야 한다. 그다음에 가능한 한 빨리 움직여 코트 중앙을 차지한다. 만약 서브가 약하면 킬 샷이나 넓은 각도를 이용한 크로스코트 샷을 하여 상대가 서 있는 코트 뒤 측면에 맞도록 한다.

발리 샷은 로브 서브에 대항하여 매우 효과적일 수 있다. 이 샷은 볼을 빨리 리턴하여 상대가 센터 코트를 차지할 기회를 주지 않는다. 발리 샷은 복식에서 효과적이며 상대방이 리턴할 시간을 줄일 수도 있다. 샷을 서브 때 하느냐, 경기 중에 하느냐가 마땅치 않을 때는 실링 샷을 한다. 상대가 센터 코트로 들어갈 때나, 공격 자세로 팀을 속일 때 아주 효과적이다. 또한 수비적인 실링 샷을 하여 상대에게 실수를 유발하거나 힘이 없는 샷을 유도하기도 한다.

복식 때 중요한 것은 상대의 약점을 간파하는 것이다. 복식이야말로 여러 다양한 기술 개발과 많은 전략을 필요로 한다.

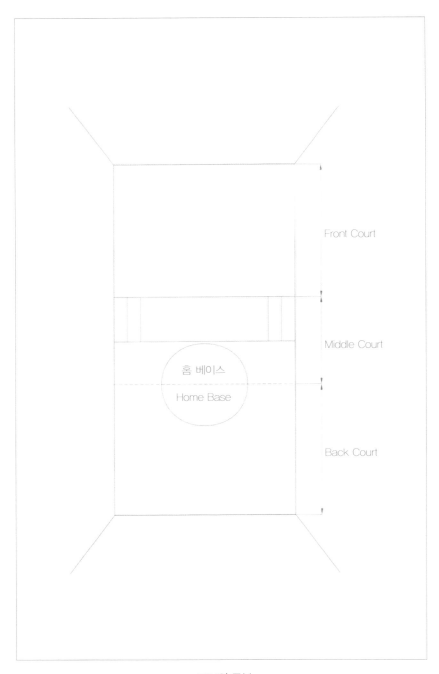

Front Court

Middle Court

홈 베이스
Home Base

Back Court

코트의 구분

제10장
라켓볼의 10원칙

초급자를 위한 10원칙

(1) 충분히 땀이 날 때까지 준비 운동을 할 것.

(2) 볼을 치기 전에 스윙 연습을 충분히 할 것.

(3) 라켓을 이용하여 여러 각도의 방향으로 공을 쳐 거리감과 각도를 익힐 것.

(4) 라켓을 이용하는 연습은 백핸드 드라이브로부터 시작할 것.

(5) 볼의 진행 방향만 신경 쓰지 말고 상대의 위치에도 신경을 써 확인할 것.

(6) 강한 샷을 치는 것만이 결코 능숙한 선수가 아니고 정확하고 컨트롤이 있는 샷을 칠 수 있도록 연습할 것.

(7) 상대가 자신에게 가깝게 와 있다고 생각되어 위험을 느낄 때는 절대로 라켓을 휘두르지 말 것.

(8) 상대가 친 볼이 측면에 맞았을 때는 반드시 반대편의 측면으로 되돌아오기 때문에 볼을 쫓아가지 말 것.

(9) 라켓을 이용한 경기 경험자는 특히 전문 지도자로부터 바른 라켓볼의 기초 지식을 배워둘 것.

(10) 연습이 끝난 후에는 반드시 정리 체조를 할 것.

140

중급자를 위한 10원칙

⑴ 최후까지 포기하지 말고 볼을 쫓을 것. 경기에서는 1점 차가 승패를 가름하는 경우가 자주 있다.

⑵ 필요한 경우를 제외하고는 절대로 후면에 치지 말 것.

⑶ 성별 연령을 불문하고 어떠한 상대일지라도 긴장을 풀지 말고 신중하게 연습에 임할 것. 이것이 상급 수준으로 가는 필수 조건이다.

⑷ 볼의 타점은 바닥으로부터 30cm 이하의 높이에서 칠 것. 가능한 한 꾸준히 낮게 치는 연습을 하면 킬 샷이 자연히 생겨난다.

⑸ 백핸드는 포어핸드보다 3배의 시간을 연습해야 불안감을 떨쳐버릴 수 있다.

⑹ 실패를 두려워 말고 적극적인 공격을 할 것. 라켓볼은 공격을 위한 스포츠인 것을 잊지 말 것.

⑺ 중급자는 의외로 실링 샷을 사용하는 선수가 적다. 센터 코트를 되찾으려면 빠른 드라이브 샷보다 실링 샷이 안전하고 성공률도 높다.

⑻ 언제나 같은 상대와 경기하지 말고 상대를 바꾸어가면서 경기를 할 것. 특히, 오른손잡이는 왼손잡이와 연습하고 실력이 좋은 선수에게 배울 것.

⑼ 중급자에게 있어서 아주 위험한 것은 스피드 볼에 마음이 끌리는 것이다. 시속 50km의 늦은 볼이나 200km 이상의 빠른 볼이나 낮은 킬 샷 존에 들어가면 어떠한 상대도 리턴은 어렵고 쉽게 득점할 수 있다. 따라서 상대가 여성일지라도 결코 마음을 놓아서는 안 된다.

⑽ 중급이 되면 누구든지 한 번쯤은 슬럼프를 경험하게 되는데 이것을 어떻게 이겨 낼 수 있는가 하는 것이 중요하다. 해결책은 여러 가지가 있지만 제1은 기본 연습부터 다시 시작할 것. 제2는 자신보다 수준이 낮은 선수와 연습을 할 것. 제3은 자기 코트에서 혼자서 납득이 갈 때까지 연습을 하는 것이다. 슬럼프, 그것은 당신의 수준을 더욱 높이 끌어올리는 과정이며 장벽임을 잊어서는 안 된다.

상급자를 위한 10원칙

⑴ 센터 코트를 계속해서 확보할 것. 많은 득점은 센터 코트로부터 생겨나며 경기 운영이 매우 유리해진다.

⑵ 랠리는 될 수 있는 대로 피하고 어떠한 장소에서도 킬 샷이 될 수 있도록 기술을 습득하면 스테미너를 비축할 수 있음과 동시에 상대에게 주는 위압감도 훨씬 더할 것이다.

⑶ 순발력을 증가시키기 위해 손목을 더욱 단련시킬 것과 스냅을 이용할 것. 그렇게 하면 리턴하기 힘든 볼일지라도 유연한 스냅과 단련된 손목 힘으로 경기를 유리하게 이끌어갈 수 있게 된다.

⑷ 컷 발리의 타이밍을 빨리 기억해 둘 것. 상대에게 여유를 주는 것을 막을 수 있다.

⑸ 경기에서는 상대의 타입에 따라 여러 가지 공격 프로그램을 짜내야 한다. 파워가 있는 선수에게는 컨트롤로, 컨트롤 선수에게는 파워로 대항하는 것과 같은 방식으로. 오늘날의 라켓볼은 파워가 60%, 컨트롤이 40%의 비율로 중시되고 있다.

⑹ 볼이 킬 샷 존에 오면 반드시 냉정하게 킬 샷을 넣어 득점을 하지 않으면 안 된다.

⑺ 라켓 면은 언제나 정확하게 컨트롤하고 상황에 맞는 판단과 신속한 결단력을 기른다.

⑻ 리버스(Reverse) 킬 샷과 리버스 핀치 샷을 칠 수 있게 되었을 때, 오버헤드 킬 샷도 가끔씩 사용하면 효과적이므로 그 타이밍을 잡는 연습도 쌓아두는 것이 좋다.

⑼ 찬스가 오면 다운 더 월 샷이나 크로스 코트 패싱샷으로 상대에게 압력을 주도록 한다.

⑽ 최소 4종류의 서브(드라이브 서브, 하이 로브 서브, Z 서브, 사이드 앵글 서브)를 구사할 것. 서비스 존의 위치를 바꾸는 것에 따라 폭넓은 서브를 할 수 있게 된다.

경기를 위한 10원칙

⑴ 준비 운동을 반드시 행할 것.

아무리 훌륭한 선수라 하더라도 경기 전에는 긴장하고 초조해 한다. 한 번 땀을 낼 때까지는 움직임이 둔해 아주 간단하게 포인트를 빼앗길 수 있다. 경기에서는 1점 차로 패하는 경우가 종종 있으므로 경기 전에는 지치지 않을 정도로 준비 운동을 하여 충분히 몸을 풀고 나서 경기에 들어가도록 한다. 몸이 굳어 있는 동안 상대에게 2~3점 빼앗기는 것을 최대한 막도록 한다.

⑵ 상대의 약점을 재빨리 파악할 것.

규모가 큰 경기인 경우 참가자가 많아서 버릇을 잘 아는 상대를 만난다고 장담할 수 없다. 따라서 상대의 경기를 사전에 잘 관찰하여 특기 및 약점을 관찰해 둘 것. 득점표를 표시해가면서 관찰하는 것이 역시 중요하다. 약점을 잡았으면 철저하게 그것을 찌를 수 있는 전법을 생각해 둘 것.

⑶ 다음 스트로크 준비를 잊지 말 것.

스트로크를 끝낸 후에는 그 자리에 서 있지 말고 상대에게 될 수 있는 한 가까이 접근하면서 다음 동작에 준비를 할 것. 준비가 빠르면 빠를수록 여유를 가지고 정확하게 리턴을 할 수가 있다.

(4) 센터 코트를 항상 확보할 것.

센터 코트를 확보하는 것은 볼이 날아오는 최단거리에 위치할 수 있으며 적은 움직임으로 항상 기선을 잡고 경기를 이끌어 갈 수 있기 때문이다.

(5) 쉬지 말고 적극적으로 공격할 것.

어떠한 선수에게도 포인트를 리드하고 있을 때에는 소극적으로 될 수가 있다. 이때에는 주어진 타임아웃을 유효하게 이용하여 정신을 가다듬고, 재경기 시에는 가능한 한 볼을 아낄 것.

반대로 실수를 범했을 경우라도 경기의 흐름을 자기 쪽으로 끌어들일 수 있다. 열세일수록 희망을 버리지 말고 최후까지 경기를 포기하지 않는 것이 중요하다.

(6) 행운을 귀중히 여기고 어떠한 상대일지라도 대충해서는 안 된다.

경기 중에 한 번 또는 두 번, 행운 또는 불운한 샷이 있기 마련이다. 불운한 경우에는 얼굴에 표정을 나타내지 말고, 반대로 행운을 얻었을 때에는 흐름을 타고 계속해서 득점을 올릴 것. 1점 차가 승부를 가름하는 수가 많으므로 예를 들어 매치 포인트(Match Point)를 잡았을 시에도 방심하지 말고 계속적으로 공격적인 자세로 공격하여 찬스 볼을 기다려 냉정하고 확실하게 결정타를 구사하도록 한다.

(7) 상대의 타입에 따라 공격 패턴을 바꾼다.

파워 선수는 스피드 있는 낮은 볼은 잘 치지만 타점이 높은 느린 볼에 약하며 타이밍과 밸런스를 잃어버려 실수를 하는 경우가 많다. 따라서 파워 선수에게는 하이 로브, Z 샷, 실링 샷 등 컨트롤 샷을 주로 하여 공격한다.

반대로 컨트롤 선수에게는 낮고 강한 킬 샷, 핀치 샷으로 공격한다.

(8) 백핸드로 정확하게 타구할 수 있도록 익힐 것

왼쪽 사이드 후면으로부터의 볼을 백핸드로 리턴하는 것도 좋은 방법이다. 왜냐하면 만일 포어핸드로 처리하면 상대는 당신의 스윙의 방해가 되지 않으므로 접근해 온다. 그러나 백핸드로 처리하면 상대는 당신의 라켓볼에 맞는 것을 피하기 위해 센터 코트로부터 떨어져 코트의 2/3에 가까운 공간이 남기 때문에 느슨한 킬 샷일지라도 득점할 수 있다. 백핸드가 유효한 때에는 확실히 백핸드를 구사할 수 있도록 실력을 쌓아둘 것.

⑼ 경기는 21점, 11점제를 불문하고 제1, 제2 경기를 연속해서 잃었을 경우 선수는 정신적인 곤경에 빠져버린다. 이때 최종 경기에 임할 때는 처음의 제1, 제2 경기를 완전히 잊어버리고 제1 경기가 다시 시작된다고 생각하고 지금까지와는 다른 방법으로 경기를 할 것.

공격법을 바꾸면 의외로 포인트를 올릴 수가 있으며 그것이 행운을 불러 역전시킬 수도 있다. 설사 경기에 졌다 할지라도 자기 자신이 납득할 수 있다. 모든 경기에 최선을 다하고 승부에도 내용에서도 지지는 않았다는 마음을 가질 것.

⑽ 상대가 두려워하는 선수가 되라.

유능한 선수는 찬스 볼이 오면 확실히 킬 샷으로 득점을 올리며 좀처럼 상대에게 찬스 볼을 주지 않는다. 또한 능숙한 선수는 어려운 볼도 잘 처리하고 흐트러진 자세로도 킬 샷을 겨냥한다. 백핸드는 포어핸드와 거의 비슷한 파워가 있고 백 존으로부터일지라도 총알과 같은 날카로운 킬 샷을 해온다. 이러한 선수와 대적하면 정신적으로 쫓기며 절대로 이길 수 없다고 생각해 버린다. 어려운 상대라고 생각하게 만들면 경기는 반 이상 이긴 것과 다름없다. 많은 연습을 통하여 상대가 두려워하는 선수가 되기 바란다.

Rehabilitation Racquetball

제11장
라켓볼의 매너

라켓볼 경기는 밀폐된 직육면체의 공간에서 라켓과 볼을 사용하여 상대 선수와 함께 공간을 활용하기 때문에 상해를 당할 수 있다. 그러므로 라켓볼의 매너는 양선수를 보호하는 차원에서 반드시 지켜야 할 필수 사항이다.

공격자는 볼을 완전한 상태에서 타구할 수 있는 권한을 갖게 되고 수비자는 공격자가 완전한 공격을 할 수 있도록 스윙의 반경으로부터 피해줘야 하는 의무가 있다.

라켓볼의 매너는 상호 간 권한과 의무를 지킴으로써 안전하고 상쾌한 경기를 즐길 수 있다.

선수의 매너

(1) 선수는 경기 시간 30분 전에 대회 본부에 보고하고 언제든지 호출에 응할 수 있는 준비를 해야 한다.

(2) 경기에 들어가기 전 라켓이나 수건, 기타 장비는 가방에 정리해서 경기에 지장을 주지 않는 백 월 뒷부분의 가까운 의자나 바닥에 정리해 두어야 한다.

(3) 경기 전 상대 선수에게 불쾌한 말이나 경멸하는 태도는 절대 삼가야 한다.

(4) 상대 선수의 좋은 기술과 샷이 나올 때에는 "굿 샷!"이라고 칭찬해주는 여유를 보여야 한다.

(5) 완전한 찬스 볼을 실패했을 경우 흥분하여 라켓으로 벽을 치거나 바닥을 치는 행위 또는 볼을 위협적으로 치는 행위는 삼가야 한다.

(6) 상대에게 볼을 전해줄 때는 발길로 차거나 난폭하게 쳐주지 말고 상대가 받기 좋

도록 원바운드로 공손하게 주어야 하며 받는 선수는 고맙다는 의사 표시를 해야 한다.

(7) 코트 안은 밀폐되어 있기 때문에 고음 방성과 괴음을 삼가야 한다.

(8) 심판의 최종 판정에 비웃거나 불신하는 태도를 삼가야 한다.

(9) 선수는 타임아웃을 고의적으로 지체하는 태도를 삼가야 한다.

(10) 경기 중 상대 선수가 충분히 샷을 할 수 있도록 충분한 스윙 반경을 마련해 주어야 한다.

(11) 경기 중 결정적인 샷이라 해도 상대 선수가 라켓으로 맞을 위험한 상황에서는 스윙 동작을 멈춰야 한다.

(12) 복식 경기 중에 자기 파트너의 동작을 간섭하거나 코치 같은 태도로 인격을 무시하는 행위는 삼가야 하며 파트너의 실수를 감싸주고 격려해야 한다.

(13) 경기 시작 전과 끝난 후에는 승패에 관계없이 악수를 하고 서로 격려해야 하며 심판과 라인즈맨에게도 고마움의 표시로 악수하는 매너를 지켜야 한다.

관중의 매너

관중의 수준이 선수의 수준이란 말이 있다. 관중이 좋은 매너를 가져야 경기의 수준이 높아지는 것이다. 라켓볼을 바르고 즐겁게 관람하기 위해서는 밝고 바른 분위기를 조성하여 선수들에게 좋은 경기를 할 수 있도록 격려하고 성원하는 자세로 아낌없는 박수와 칭찬을 보내야 한다.

⑴ 선수들에게 야유나 욕설을 삼가야 한다.

⑵ 심판의 최종 판결에 불쾌한 말이나 경멸하는 태도를 삼가야 한다.

⑶ 경기 중에 관중이 자리를 이동하는 것은 삼가야 한다.

⑷ 경기 중 완전하게 판정이 되지 않은 상태에서 흥분하여 박수나 소리를 질러서는 안 된다. 미리 예측하는 것은 금물이다.

⑸ 경기 중인 코트의 백 월을 손이나 라켓으로 두들기는 행동은 삼가야 한다.

⑹ 심판이 콜을 할 때에는 정숙해야 한다.

⑺ 경기 중에 음식물을 섭취하는 것을 삼가야 한다.

⑻ 경기 중에 불필요한 잡담이나 놀이를 삼가야 한다.

⑼ 경기장 내의 부대시설을 사용할 때는 항상 깨끗하고 청결하게 사용해야 한다.

⑽ 자기 팀에게 일방적인 응원도 좋지만, 상대 선수의 훌륭한 플레이는 아낌없는 박수를 보내야 한다.

〈관중석의 상황〉

Rehabilitation Racquetball

제12장
라켓볼 연습 방법

연습을 하다 보면 좋은 습관뿐 아니라 나쁜 습관도 배우게 된다는 것을 명심하라. 연습할 때 나쁜 습관을 많이 배우면 실전에서 이길 수 없다.

훈련을 통해서 순발력 있는 샷을 할 수 있어야 하고 기본적인 운동을 많이 해야 신경조직을 발달시킬 수 있다. 그러므로 아주 기본에 충실한 것이야말로 훌륭한 선수가 되는 지름길이다. 연습하러 갈 때마다 연습할 것을 계획한다. 아무런 공격 계획 없이 마구잡이 샷을 한다면 원하는 실력을 쌓지 못하게 된다.

모든 개인 연습은 실전의 경기와 유사한 상황을 설정하고 연습하는 것이 바람직하다.

개인 연습

라켓볼은 상대의 도움 없이 혼자서 여러 가지 샷을 연습할 수 있다. 각 그림의 점선은 볼을 받을 수 있는 위치를 가리킨다. 점은 볼과 라켓이 닿는 지점이고 선은 샷의 각도와 방향이다.

(1) 월 샷 드릴

① 위치: 측면과 거리를 충분히 확보한 다음 볼을 측면에 맞춘다. 그리고 바닥에서 바운드 되게 한다.

② 목표: 전면을 향해 포어핸드나 백핸드로 쳐서 다양한 샷을 연습한다.

③ 주의: 전면 코트 가까이에서 시작하여 점점 코트 뒤로 옮긴다. 코트의 양쪽 사이드를 사용하여 연습한다.

스트레이트 샷 드릴

154

| 핀치 샷 드릴 | 크로스코트 패싱 샷 드릴 |

(2) **포어 코트 월 샷과 크로스코트 샷 드릴**

① 위치: 전면 아무 데나 쳐도 좋다.

② 목표: 프런트코트에서 전면 샷이나 크로스 샷을 하기 위함이다.

③ 주의: 정확한 샷을 위해서 볼의 높이를 예상하여 위치를 정확히 잡아야 한다. 백
핸드나 포어핸드 스트로크를 사용하여 점점 뒤로 물러서서 연습한다.

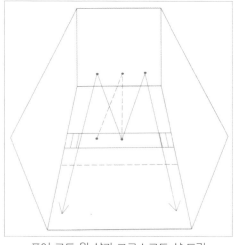

포어 코트 월 샷과 크로스코트 샷 드릴

(3) 백코트 월 샷 드릴

① 위치: 후면에서 리바운드가 되게 서브를 한다.

② 목표: 백코트 깊은 데서 수비 자세로부터 다양한 샷을 연습한다.

③ 주의: 볼을 따라 후면으로 이동한다. 포어핸드나 백핸드 스트로크를 이용하여 다양한 변화를 준다.

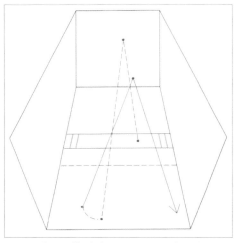

백코트 월 샷과 크로스 코트 샷 드릴

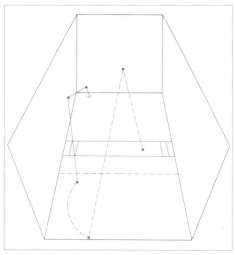

백코트 월 샷과 핀치 샷 드릴

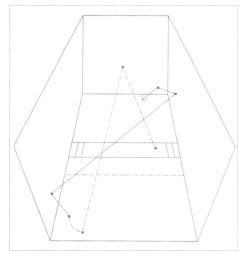

백코트 월 샷과 Z 샷 드릴

(4) 발리 드릴

① 위치: 볼을 던져 포어핸드 발리로 전면을 친다.

② 목표: 반사적 행동을 기른다. 서서히 움직이다가 점차로 빠르게 움직인다.

③ 주의: 처음에 포어핸드로 하다가 백핸드 발리로 한다. 익숙해지면 크로스코트 발리와 다양한 변화를 가미한다.

(5) 실링 샷 드릴

① 위치: 볼을 전면에 쳐 백코트에서 리바운드 되게 한다.

② 목표: 수비 자세에서 천장을 친다.

③ 주의: 실링 샷을 하여 측면 가까이 밀착시킨다. 후면에 리바운드 없이 코트 깊숙이 보낸다. 너무 세게 스윙하지 말고 컨트롤에 유의하고 익숙해지면 이제 계속 실링 샷을 연습한다.

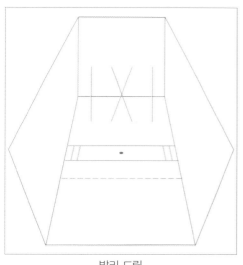

발리 드릴

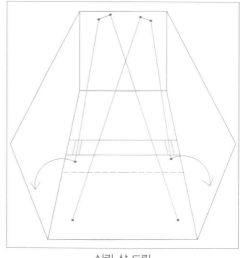

실링 샷 드릴

파트너와의 연습

어느 정도의 수준에 이르면 상대와 함께 빠르게 연습할 수 있다. 여러 샷을 반복적으로 연습하다 보면 경기의 감각을 익힐 수 있다.

(1) 서브 드릴의 서브와 리턴

완전히 익숙할 때까지 특정한 서브만 반복적으로 연습한다. 어떤 서브는 상대에게 좋은 기회를 준다는 것을 명심하라.

가장 많이 쓰는 샷은 서브와 서브의 리턴이다.

완전히 익힐 때까지 연습한다.

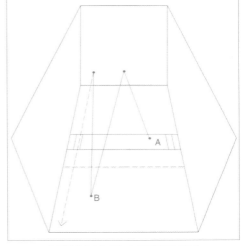

드라이브 서브와 스트레이트 리턴

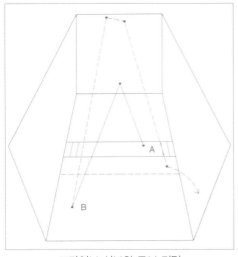

드라이브 서브와 로브 리턴

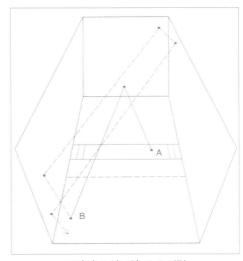

드라이브 서브와 로 Z 리턴

(2) **크로스코트 드라이브와 크로스 코너 드릴**

한 사람은 크로스코트에 위치하고 다른 사람은 크로스 코너에 위치하는 약속이 있어야 한다. 조금 있다가 샷을 바꾸고 위치를 바꾸어 연습한다. 한 사람은 크로스코트 샷을 하고 다른 사람은 크로스코너에 발리를 연습한다.

(3) **크로스코트 샷 드릴**

그림의 A, B 위치에서 연습한다. 이 위치는 크로스코트를 위해 서비스 존 앞에까지 앞뒤로 움직일 수 있다. 상대 는 볼이 측면에 맞기 전에 드라이브나 발리로 리턴한다. 포어핸드나 백핸드를 연습하려면 위치를 옮겨야 한다.

다양한 높이와 스피드를 경험하도록 연습한다.

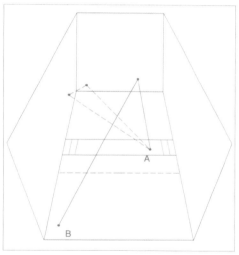 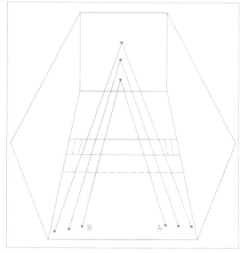

크로스코트 드라이브와 크로스코너 드릴   크로스 코트 샷 드릴

스텝과 스텐스

효율적인 샷의 동작과 체력을 안배하기 위해서는 스텝과 스텐스를 바르게 유지시켜 주는 것이 매우 중요하다. 모든 샷의 정확도는 바른 스텐스와 하체의 안정성에서 이루어지기 때문이다. 또한 바른 스텝을 유지함으로써 원활한 호흡 조절로 신체의 밸런스를 유지시켜 주며 균형 잡힌 자세를 잡아준다. 그러므로 스텝과 스텐스는 라켓볼의 가장

기본적인 자세이면서 가장 중요한 역할을 한다.

(1) **포어 스텐스**: 포어 스텐스는 정상적인 스텐스로서 다양한 샷을 구사할 수 있다.

스트레이트
크로스
핀치
Z
로브
실링

(2) **오픈 스텐스**: 오픈 스텐스는 크로스로 쉽게 타구할 수 있는 스텐스이다.

크로스
핀치
크로스패싱
로브
실링
 Z

(3) **백 스텐스**: 백 스텐스는 볼이 이미 뒤로 빠진 상태이기 때문에 수비 형태의 스텐
스라고 말할 수 있다.

로브
실링
Z
백월 샷

⑷ 포어 투 스텝 스텐스

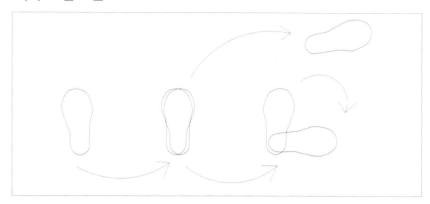

⑸ 오픈 투 스텝 스텐스

⑹ 백 투 스텝 스텐스

(7) 스텝의 형태와 샷의 방향

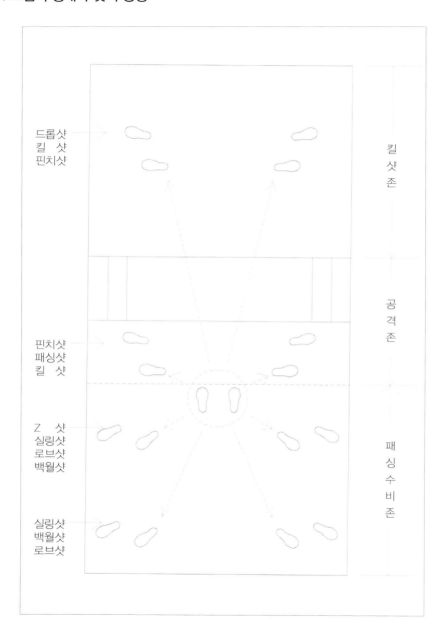

코트를 이용한 트레이닝

코트를 이용한 트레이닝을 통하여 한 번에 두 가지의 효과를 얻을 수 있다. 기본 체력 훈련을 통해 민첩성과 순발력, 스피드와 근지구력 등을 발달시켜 주며 사면 벽면과의 거리조절 능력을 향상시키고, 프런트 코트와 백코트의 감각을 익힘으로써 전략적인 경기력을 향상시킬 수 있다.

(1) 사이드 스텝

라켓볼은 사면이 벽으로 둘러싸인 공간 안에서 경기를 하기 때문에 항상 코트 장애를 안고 경기를 하게 된다. 볼이 벽면에 가까워지면 볼을 타구한 다음 체중을 벽면 반대 방향으로 전환시켜 주어야 한다.

그렇게 함으로 벽과 부딪치지 않고 다음 수비자세로 돌아갈 수 있기 때문이다. 사이드 스텝은 라켓볼 경기에서 기본적인 스텝이면서 가장 중요한 자세이다.

〈방법〉

뒷꿈치를 든 상태에서 우측과 좌측으로 빠른 속도로 이동시켜 준다. 이때 자세는 최대한 낮은 자세로 민첩하게 움직여 수평 방향으로 실시해야 한다.

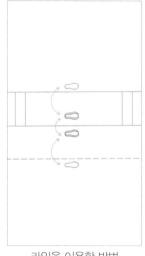
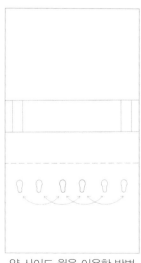
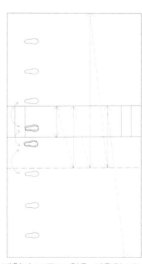

| 라인을 이용한 방법 | 양 사이드 월을 이용한 방법 | 백월과 프론트 월을 이용한 방법 |

⑵ **왕복 달리기**

왕복 달리기는 순발력과 민첩성을 향상시켜주는 운동으로서 볼의 낙하지점과 포착력을 뒷받침해 주는 전환력을 갖고 있기 때문에 왕복 달리기를 통해서 짧은 거리와 중간 거리 또는 먼 거리로 설정해서 선수의 체력에 따라 반복하여 점차적으로 횟수를 늘려 실시하도록 한다.

〈방법〉

왕복달리기는 A형, B형, C형으로 구분되며 프론트 월과 백 월은 가볍게 손으로 터치시켜 주고 리시빙 라인, 소트 라인, 서비스 라인은 자세를 낮추어서 손으로 터치하도록 한다. 또한, 달리는 방향은 언제나 일직선 방향을 유지하면서 실시해야 한다.

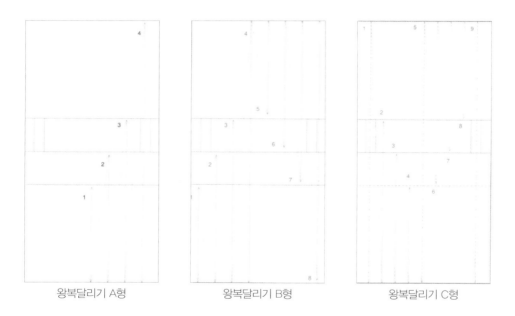

왕복달리기 A형   왕복달리기 B형   왕복달리기 C형

(3) 복합 트레이닝

복합 트레이닝의 특징은 사이드 스텝과 앞뒤로 달리기를 통해서 복합적인 트레이닝을 유도하고 코트 전면을 교차하며 활용함으로써 체력과 코트의 감각을 동시에 익힐 수 있는 효과적인 트레이닝이다.

〈방법〉

처음 출발해서 다음 동작으로 연결되기 전 반드시 양발을 절도있게 멈추어 서는 동작과 다음 동작으로 빠르게 전환하는 것이 중요하다.

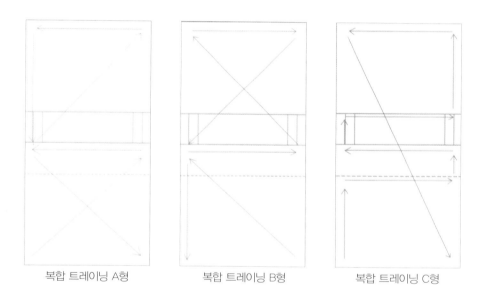

복합 트레이닝 A형　　　　복합 트레이닝 B형　　　　복합 트레이닝 C형

Rehabilitation Racquetball

제13장
준비운동과 스트레칭

선수의 생명이 기능과 체력이 바탕이라면 선수의 수명은 유연성을 유지해 주는 준비운동과 스트레칭이라 할 수 있다. 성인 선수들이 운동 경기 중 상해를 당하면 근육 파열이나 관절 부상을 당하며, 심지어는 뼈가 부러지는 상황도 발생한다. 그래서 기량과 체력이 뛰어난 유명한 선수들이 가끔씩 코트를 떠나야 하는 안타까운 일들을 보곤 한다. 그러나 어린 선수들은 경기 중 부딪치거나 넘어져도 좀처럼 상해를 입지 않는다. 이와 같은 사실은 선수에게 있어서 유연성이 얼마나 중요한 것인지 증명해 주는 것이다.

시합에 들어간 선수의 심리적 상태도 유연성에 비교할 수 있겠다. 몸과 마음이 유연해야 정신적으로나 신체적으로 자신의 기능을 최대한 발휘할 수 있는 컨디션을 만들 수 있기 때문이다. 이러한 유연성은 근육의 수축과 이완운동, 관절의 내회전과 외회전의 반복에서 나오는 것이다. 경기 전 철저한 준비운동과 스트레칭은 신체의 온도를 높여주고 혈액순환과 심폐 기능 준비 및 장시간에 걸쳐 진행될 경기에 근육과 신체를 상해로부터 보호받을 수 있도록 하는 것이다.

목 스트레칭

목 관절은 경기 전 긴장과 스트레스로 인하여 쉽게 경직되기 때문에 시합에 들어가기 전에 충분히 풀어 상해를 예방하고 좋은 컨디션을 유지해야 한다.

〈방법〉
① 힘을 뺀 상태에서 바른 자세로 선다. 한쪽 손으로 자연스럽게 머리를 고정시켜 좌우로 번갈아 스트레칭한다.

② 양손을 머리 뒤로 감싼 다음 앞으로 서서히 굽혀준다.

손목 스트레칭

라켓볼 경기 중 신체에서 가장 격렬한 부위를 말한다면 손목을 들 수 있다. 그만큼 손목은 순간적인 동작에서부터 결정적인 샷의 마무리에 이르기까지 섬세하고 예민하기 때문이다. 그러므로 손목 강화의 보조운동과 스트레칭의 중요성을 잊어서는 안 된다.

〈방법〉

바른 자세로 한 손을 앞으로 펴서 다른 한 손으로 손가락의 끝을 몸 쪽으로 서서히 잡아당긴 다음 아래쪽으로 방향을 바꾸어 잡아당긴다. 반대 손으로 바꾸어서 스트레칭 한다.

발목 스트레칭

발목을 자동차에 비교한다면 타이어에 비교할 수 있다. 모든 체중을 받쳐 주는 역할과 체중을 이동시켜 주는 탄력성을 동시에 갖고 있다. 그러므로 갑작스런 체중 전환과 역동작으로 인한 부상이 쉽게 예상된다. 따라서 발목의 스트레칭은 다른 부위에 비해 더욱 신경을 써야 한다.

〈방법〉

바른 자세로 선 다음 한쪽 발을 반대쪽 발 옆으로 크로스 시킨 다음 체중을 이용하여 반대쪽 다리를 유연성의 정도에 따라 서서히 눌러준다.

팔과 어깨 스트레칭

팔과 어깨는 스윙을 할 수 있도록 힘을 모아주는 역할을 감당하며 손목으로부터 볼을 타구할 수 있는 힘을 전해주는 지렛대 역할을 한다. 그러므로 팔과 어깨의 근육과 관절을 충분히 스트레칭해줌으로써 상해를 예방하고 완전한 스윙을 도울 수 있다.

〈방법〉

① 어깨너비로 바로 선 상태에서 한쪽 팔을 편 상태로 수평을 유지한 다음 반대팔 사이에 얹어 서서히 잡아당긴다.

② 양팔을 머리 뒤로 들어 올린 다음 한쪽
　팔을 안쪽으로 굴절시킨 상태로 유지한 채
　다른 한 손으로는 굴절된 팔꿈치를 비켜
　잡고 서서히 잡아당긴다.

③ 양팔을 머리 뒤로 모아 깍지를 낀 다음 머
　리 위로 최대한 밀어 올린다.

다리 스트레칭

라켓볼은 판단력과 결단력을 필요로 하기 때문에 이 요구에 상응하는 다리의 역할이 승패를 좌우한다고 해도 과언이 아닐 것이다. 경기에 있어서 거리와 볼의 방향 각도를 정확하게 유지하기 위해서는 강하고 유연한 다리의 근육, 즉 대퇴부나 비 복근, 아킬레스건 등을 충분히 스트레칭하여 안정적이고 결정적인 플레이를 돕고 상해를 예방을 해야 한다.

〈방법〉

① 발을 모으고 바르게 균형 잡힌 상태에서 한쪽 다리를 뒤로 접어 발등을 손으로 잡는다. 발등을 잡은 손을 위쪽으로 서서히 잡아당긴다.

② 벽에서부터 30~40cm 정도 앞에 선 다음 양손을 어깨높이 정도로 벽에 대고 이마를 손 위에 댄다. 다음 한쪽 다리를 뒤고 뻗고 다리에 자극이 올 때까지 엉덩이를 안쪽으로 밀어준다. 이때 양팔과 팔꿈치가 전면에 대어 있어야 하고 뒤로 뺀 발의 뒤꿈치가 바닥에 붙어 있어야 한다.

③ 양손을 자연스럽게 바닥을 짚고 앉은 상
  태에서 한쪽 발을 뒤쪽으로 보낸 다음 허
  벅지를 아래로 끌어내린다.

허리와 등 스트레칭

허리와 등은 발과 손을 연결해 주는 중요한 역
할을 한다. 또한, 허리와 등은 많은 신경들이
전달되는 통로이기 때문에 척추 관절과 허리
주변 근육을 충분히 풀어준 다음 서서히 점진
적으로 스트레칭을 해야 한다는 것을 유념해야
한다.

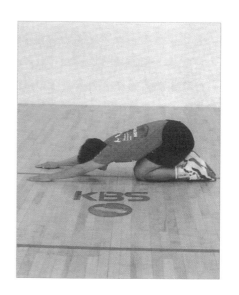

〈방법〉
① 양 무릎을 꿇은 다음 허리를 굽혀서 양팔
  을 앞으로 쭉 편다. 이때에 허리와 등에 자
  극을 받을 수 있도록 스트레칭을 실시한다.

② 자리에 앉은 다음 양발을 쭉 편 상태에서 서서히 허리를 굽혀 양손으로 발목을 감싸 듯이 잡고 스트레칭을 실시한다.

③ 자리에 앉은 다음 양발을 최대한 벌린 상 태에서 한쪽 발바닥을 감싸듯이 잡고 스 트레칭을 실시한 다음 반대 방향으로 실시 한다.

④ 양손을 어깨너비 정도로 벌려 벽을 짚고
   선 다음 허리가 충분히 펴질 수 있도록 뒤
   로 서서히 물러선다. 이때 양팔은 벽에 고
   정된 채로 어깨의 힘을 밑으로 당기면서
   스트레칭을 실시한다.

엉덩이와 몸통 스트레칭

많은 플레이어가 가장 소홀히 하는 부위가 엉
덩이와 몸통 스트레칭이다. 그 이유는 이들 부
위는 경기 중 직접 피부로 느끼지 못하기 때문
이다. 그러나 장시간 계속되는 경기 중에는 선
수들의 컨디션에 큰 영향을 미친다는 사실을
기억해야 한다.

〈방법〉

다리를 펴고 앉은 상태에서 오른쪽 발을 왼
쪽 발 위로 가로질러 무릎 바깥쪽으로 내려놓
고 오른손을 뒤로 짚는다. 이때 몸통을 오른손
방향으로 돌려서 왼손 팔꿈치로 세운 무릎을 몸통 반대 방향으로 밀면서 스트레칭을
실시한다.

Rehabilitation Racquetball

제14장
웨이트 트레이닝

웨이트 트레이닝과 상해 예방

(1) 준비운동과 정리운동

웨이트 트레이닝을 시작하기 전에 충분한 준비운동은 필수적으로 실시하는 예비운동이다. 주 운동을 하기 전에 준비운동을 실시하면 체온이 상승되어 트레이닝 중에 발생하기 쉬운 근육의 부상을 예방할 수 있고, 근육과 신경의 협응 능력이 좋아지며, 격렬한 운동 시 신체가 무리 없이 잘 적응하게 된다.

준비운동 시 실시하는 맨손 체조, 스트레칭, 줄넘기, 실내 자전거 타기, 조깅 등과 같은 예비 운동은 웨이트 운동 전 약 5~10분 정도 실시하여 근육의 온도를 상승시킨 후 주운동인 웨이트 운동을 실시하는 것이 근 효율을 보다 활성화하는데 효과적이다. 이때 트레이닝 중에 나타나는 동작을 이용하여 아주 낮은 강도로 운동하는 것도 준비운동의 또 다른 방법이다.

트레이닝 후 정리운동도 필수적이다. 왜냐하면, 웨이트 트레이닝은 근육에 자극을 계속해서 주기 때문에 근수축에 필요한 에너지 공급을 위한 혈액 공급이 증가되어 있는 상태이다. 이러한 상태에서 운동 후 정리운동을 하지 않으면 혈액순환 속도가 갑자기 줄어들어 근육조직 내의 체액을 빨리 처리할 수 없어 근육이 굳어지고 근육통이 발생하는 원인으로 작용한다. 따라서 트레이닝 후에도 반드시 정리운동을 실시하여 심박 수와 혈액 순환 속도를 서서히 감소시켜 주어야 빠른 회복에 효과적이다. 트레이닝 후 실시되는 정리운동은 간단한 맨손체조를 실시하고, 과 사용된 근육 부위는 집중적으로 스트레칭 하는 것이 흥분된 몸의 각 기능을 평상으로 회복시키는데 효과적이다.

(2) 호흡법

대부분의 사람들은 가벼운 중량으로 웨이트 운동을 할 때에는 본능적으로 올바른 호흡을 한다. 즉, 힘을 발휘할 때와 이완시킬 때, 비교적 자연스런 호흡이 이루어진다. 그러나 강도가 높아지거나 높은 강도가 지속될 경우, 긴장과 함께 호흡 패턴이 달라지게 된다. 웨이트 운동 시 잘못된 방법으로 호흡을 할 때 초래될 수 있는 결과를 이해하는 것은 웨이트 트레이닝 동작을 안전하게 실시하는 중요한 정보를 제공한다. 웨이트 운동 시 힘을 발휘할 때, 일시적으로 호흡을 중단한다. 이를 발살바 머뉴버(valsalva mannuver) 현상이라고 부르며, 이는 성문이 닫혀진 상태에서 힘을 주기 때문에 나타나는 현상이다. 하지만 웨이트 운동 시 이러한 습관이 나타나는 것은 아주 위험하므로 주의해야 한다. 힘을 발휘하면서 호흡을 중단할 경우, 흉강 내부의 압력이 증가되면서 심장으로의 정맥 흐름을 방해한다. 이럴 경우 흉강의 압력으로 심장에서 박출되는 혈액의 양이 감소되고, 이로 인해 두뇌로 공급되는 혈액의 양도 줄어든다. 그 결과 일시적으로 어지럽거나 의식을 잃는 경우도 있다. 호흡을 일시적으로 중단하는 습관은 웨이트 트레이닝 동작에 있어서 적절하지 못하다. 특히 무거운 무게를 머리 위로 들어 올렸을 때 이러한 현상이 나타나면 무거운 바벨이 머리나 어깨 쪽으로 떨어져 아주 위험한 결과를 초래할 수도 있다. 그리고 혈압이 높은 사람에게는 심장에 많은 부담을 줄 뿐만 아니라 혈압이 급상승하는 결과를 초래한다.

이와 반대로 반복해서 의도적으로 아주 힘껏 숨을 내쉴 경우에도 어지러움이나 현기증이 나타나게 되는데, 이는 혈액에 이산화탄소의 농도가 감소되면서 나타나는 일시적 현상이다. 따라서 웨이트 운동 시 자연스러운 패턴으로 호흡해야 한다.

올바른 호흡법을 실행할 수 있는 가장 간단한 방법은 몸쪽으로 잡아당길 때 공기를 들이마시고 몸 밖으로 밀어낼 때 공기를 내쉰다. 그리고 부하를 제자리로 되돌리면서 내쉬고, 반대되는 동작 시 호흡을 들이마신다.

웨이트 트레이닝의 방법과 효과

라켓볼은 근기능에 있어서 근력, 근파워 및 근지구력 모두가 요구되는 운동으로 웨이트 트레이닝에 참여하는 다음의 3가지 목표를 가져야 한다. 첫 번째는 상체 근력을 발달시키고 두 번째는 전반적 지구력과 폭발적인 파워를 증대시키며 세 번째로 과부하를 이용한 서키트 트레이닝을 통해 심혈관계의 기능을 향상시켜야 한다.

(1) 벤트 니 싯업(Bent-Knee Sit-Up)

반복 횟수는 25-50회, 세트는 1-2세트로 한다.

① 무릎을 45° 구부린 상태에서 벤치에 앉는다.

② 고정 띠에 발을 끼워 발등을 고정시킨다.

③ 누운 상태에서 윗몸을 올리고 내린다.

④ 부하를 올리려면 벤치 높이를 높인다.

   ◆ 효과: 상부 복직근

(2) 시티드 바벨 트위스트(Seated Barbell Twist)

반복 횟수는 25-50회, 세트는 1세트로 한다.

① 어깨 위로 바벨을 올린다.

② 벤치에 앉아 허리를 움직여 덤벨이 회전하도록 한다.

③ 허리가 회전 운동하는 동안 머리는 고정시켜 눈은 정면을 본다.

④ 허리와 머리를 잇는 선이 일직선이 되도록 힘을 준다.

⑤ 덤벨을 이용할 때에는 가슴에 붙이고 실시하는 것이 좋다.

   ◆ 효과: 외복사근

⑶ **트위스팅 하이퍼익스텐션(Twisting Hyperextension)**

반복 횟수는 15회, 세트는 1-2세트로 한다.

① 높은 벤치 위에 대퇴 부위를 패드에 대고 엎드린다.

② 허리를 앞으로 숙인 자세가 처음 자세이다.

③ 허리를 위로 들어 상체가 지면과 수평이 되게 한다.

④ 이때, 좌·우측 방향으로 각각 번갈아 허리를 든다.

⑤ 이와 같은 동작을 반복한다.

   ◆ 효과: 척추기립근

⑷ **프레트 덤벨 프레스(Flat Dumbbell Press)**

반복 횟수는 12-10-10회, 세트는 3세트로 한다.

① 벤치에 머리를 닿게 하고 눕는다.

② 덤벨을 양손으로 들고 위로 팔을 뻗는다.

③ 밑으로 덤벨을 당겨 옆구리에 갖다 댄다.

④ 똑같은 속도록 반복 운동한다.

   ◆ 효과: 대흉근

(5) **스탠딩 밀리터리 프레스(Standing Miltary Press)**

반복 횟수는 12-10(10)회, 세트는 2-3세트로 한다.

① 바벨을 가슴 위에 올려놓고 바로 선다.

② 힙과 다리에 힘을 주어 고정시킨다.

③ 머리 위로 바벨을 들어 올리는데 이때 팔꿈치가 구부러져서는 안 된다.

④ 가슴은 앞으로 내밀어 일정한 자세를 취한다.

⑤ 이 같은 동작을 반복한다.

    ◆ 효과: 삼각근 전면 및 바깥

(6) **벤트 오버 헤드 서포티드 투 암 덤벨 로윙(Bent-Over Head-Supported Two-Arm Dumbbell Rowing)**

반복 횟수는 12-10-10회, 세트는 3세트로 한다.

① 허리를 그림과 같이 앞으로 숙이고 손바닥
    이 서로 마주 보도록 잡는다.

② 이마를 벤치 위에 대고 상체를 고정한다.

③ 아래로 내린 팔은 팔꿈치가 90° 정도 구부러
    지게 위로 당기면서 구부린다.

④ 처음 자세로 돌아가 반복 운동한다.

    ◆ 효과: 척추기립근 및 광배근

⑺ 딥스(Dips)

반복 횟수는 15회, 세트는 2-3세트로 한다.

① U자형 평행봉에 점프하여 올라간다.

② 팔을 편 상태에서 팔꿈치를 굽혀 평행봉에서 내려간다.

③ 무릎을 약간 구부린다.

④ 구부린 상태에서 팔꿈치가 어깨보다 위로 올라가게 반복해서 구부린다.

◆ **효과**: 대흉근 및 삼두근

⑻ 시티드 팜 업 바벨 리스트 컬(Seated Palms—Up Barbell Wrist Curl)

반복 횟수는 15-20회, 세트는 2세트로 한다.

① 그림과 같은 방법이며 다만 정상 그림으로 바벨을 잡는다.

② 손등을 무릎 위에 대고 손목을 중심으로 위아래로 젖히는 동작을 취한다.

③ 이 같은 동작은 반복해서 실시한다.

◆ **효과**: 전완 바깥

⑼ **프리핸드 점프 스쿼트(Freehand Jump Squat)**

반복 횟수는 15-20, 세트는 2-3 세트로 한다.

① 팔을 가슴 앞에서 교차로 올려놓는다.

② 다리를 40cm 벌리고 무릎을 구부린다.

③ 구부린 다리의 대퇴가 지면과 수평 되게 구부리는 자세에서 시작한다.

④ 시작과 함께 위로 최대로 점프하며 허리를 세운다.

⑤ 이와 같은 동작을 반복한다.

　◆ 효과: 대퇴 및 하퇴부

⑽ **하이퍼텐션(Hypertension)**

반복 횟수는 15회, 세트는 1-2세트로 한다.

① 높은 벤치대를 이용하여 대퇴 부위가 닿도록 엎드린다.

② 허리를 앞으로 숙이고 양손은 머리 뒤에 깍지 낀다.

③ 이 자세에서 허리를 위로 들어 상체가 지면에 수평이 되도록 한다.

④ 이와 같은 동작을 반복한다.

　◆ 효과: 척추기립근 하부

⑾ 스트레이트 암 덤벨 플오버 어크로스 벤치 (Straight-Arm Dumbbell Pullover Across Bench)

반복 횟수는 12(10)회, 세트는 1-2세트로 한다.

① 벤치를 이용하여 그림과 같이 옆으로 눕는다.

② 등을 벤치에 대고 누워서 약간 허리가 위로 올라가도록 복부에 힘을 준다.

③ 두 손으로 덤벨을 잡고 위에서 뒤로 크게 돌려 내린다.

④ 목이 뒤로 젖혀지지 않도록 자세를 유지한다.

◆ 효과: 대흉근

⑿ 시티드 투 암 하이 라트 플 인(Seated Two-Arm Hight Lat Pull-In)

반복 횟수는 12-10회, 세트는 2세트로 한다.

① 하이 풀리 앞 마루에 앉는다.

② 다리를 펴서 지지물을 밀어 자세를 고정한다.

③ 허리를 앞으로 숙여 풀리를 잡는다.

④ 허리를 고정하고 서서히 풀리 줄을 당겨 배 부위까지 오게 한다.

⑤ 이와 같은 동작을 반복한다.

◆ 효과: 광배근 하부 및 척추기립근 상부

⒀ **시티드 덤벨 컬(Seated Dumbell Curl)**

반복 횟수는 10회, 세트는 1–2세트로 한다.

① 벤치에 앉는다.

② 양손은 덤벨을 잡고 내린다.

③ 양손을 처음 자세에서 어깨 쪽으로 위로 들어 팔꿈치를 구부린다.

④ 이때 허리와 엉덩이는 운동 시 흔들리지 않도록 한다.

⑤ 이와 같은 동작을 반복한다.

◆ 효과: 이두근

⒁ **시티드 팜 다운 바벨 리스트 컬(Seated Palms–Down Barbell Wrist Curl)**

반복 횟수는 15회, 세트는 1–2세트로 한다.

① 바벨을 손바닥이 아래로 향하게 리버스 그립으로 잡는다.

② 벤치에 앉아 손목을 무릎에 대고 위아래로 올렸다. 내렸다 하는 동작을 반복한다.

③ 이때 팔꿈치와 어깨가 흔들리지 않도록 한다.

④ 이와 같은 동작을 반복한다.

◆ 효과: 전완 안쪽

⒂ 바벨 프론트 런지(Barbell Front Lunge)

반복 횟수는 10회, 세트는 1-2세트로 한다.

① 15cm 정도 발을 떨어뜨려 똑바로 선다.

② 바벨을 어깨 위로 올려놓고 상체를 세운다.

③ 한쪽 다리를 정면으로 내밀어 무릎을 지면과 수평이 되도록 구부린다.

④ 처음 자세로 돌아와 반복 시행한다.

◆ 효과: 대퇴 햄스트링 힙

⒃ 프리핸드 사이드 런지(Freehand Side Lunge)

반복 횟수는 10회, 세트는 1-2세트로 한다.

① 다리를 약간 벌리고 똑바로 선다.

② 양손을 허리 위에 놓는다.

③ 다리 한쪽을 옆으로 벌려 벌린 다리의 대퇴가 지면과 평행이 되도록 구부린다.

④ 힘을 주어 원위치하여 반복
　운동한다.

◆ 효과: 대퇴 안쪽과 햄스
　트링근

Rehabilitation Racquetball

제15장
경기 규칙

경기

〔규칙 1-1〕 경기의 종류

라켓볼은 2명, 3명 또는 4명으로 경기가 가능하며, 2명의 경우 단식(Singles), 3명의 경우 컷 스로우트(Cut-throat), 4명의 경우 복식(Doubles)이라 한다.

〔규칙 1-2〕 설명

라켓볼은 그 명칭이 나타내는 것처럼 경기자가 1개의 라켓을 갖고 서브를 하거나 리턴(Return)을 하여 승패를 가리는 경기이다.

〔규칙 1-3〕 목적

서브나 리턴에 의해 각 랠리(Rally)에서 이기는 것으로 한다. 랠리가 끝나는 것은 에러(Error)를 하거나 리턴이 되지 않을 때, 혹은 힌더(Hinder)가 인정되는 경우이다.

〔규칙 1-4〕 포인트와 아웃

포인트(Point)는 서브한 측이 서비스 에이스(Service Ace)를 한 경우 또는 랠리에 이긴 경우만 점수를 얻는다. 서브 측이 랠리에 진 경우는 서브권을 잃는다. 이것을 단식에서는 사이드아웃(Sideout), 복식에서는 핸드아웃(Handout)이라 하며, 두 번째 서브하는 선수가 서브를 잃었을 때는 사이드아웃이라 한다.

〔규칙 1-5〕 경기, 게임, 연장전

경기는 먼저 두 게임을 이긴 쪽이 승리하게 되는데 먼저 두 경기는 15점으로 진행한다. 만약 각자 한 게임씩 이겼을 경우에는 11점으로 연장전(Tiebreaker)을 한다. 규칙의 예외가 존재하지 않는 한 적정 점수에 먼저 도달하는 쪽이 승리하게 된다.

코트와 장비

〔규칙 2-1〕 코트

폭 6.1m, 길이 12.2m, 후면의 높이는 최저 3.7m가 되어야 한다.

〔규칙 2-2〕 라인 존(Line Zone)

코트는 3.8m 폭의 라인으로 다음과 같이 구분되어 표시된다.

(1) 쇼트 라인

코트를 똑같은 면적으로 나누어 전면과 평행으로 중앙에 그어진 라인을 말하며, 프런트 코트와 백 코트로 구분된다.

(2) 서비스 라인

서비스 라인은 쇼트 라인의 152.4㎝ 앞에 평행으로 긋는다.

(3) 서비스 존

쇼트 라인과 서비스 라인 사이의 152.4㎝ 면을 말한다.

(4) 서비스 박스

서비스 존의 양 끝에서 측면으로부터 평행으로 그어진 라인으로 구분된 면을 말한다. 측면에서 그 라인의 안쪽 끝까지의 거리는 45.72㎝이다.

(5) 드라이브 서브 라인

드라이브 서비스 존을 형성시켜주는 드라이브 서브 라인은 양쪽 측면과 평행해야 하고 서비스 존 안에 위치해야 하며, 측면에서 91.44㎝ 떨어진 곳에 있어야 한다. 임시로 선은 테이프를 사용할 수도 있다.

(6) 리시빙 라인

쇼트 라인에서 152.4㎝ 후면에 점선으로 그어진 라인을 말한다. 리시빙 라인은 각 옆 벽으로부터 뻗어진 53㎝ 길이의 라인으로 시작하며, 그 사이의 점선은 15.24㎝ 길이의 점 16개와 17개의 공간으로 표시된다.

(7) 세이프티 존

쇼트 라인과 리시빙 라인 사이의 152.4㎝ 면을 세이프티 존이라 하고 서브 때만 적용되는 지역이다.

〔규칙 2-3〕 볼의 규정

(1) 표준 라켓볼의 특징

볼은 직경이 2.25인치(5.7㎝)이다. 무게는 대략 1.4온스(40g)이며, 55인치(1.37m)의 내구성을 지녀야 한다. 그리고 섭씨 21-23 ℃ 상태에서 100인치(2.5m) 높이에서 떨어뜨려 바운드시키면 68-72인치(1.7m-1.8m)가 튀어 올라야 한다.

(2) 대회 볼

대회를 진행하는 주최 측으로부터 보증 검인이나 승인을 받은 볼만을 사용할 수 있다.

〔규칙 2-4〕 볼의 선택

(1) 각 시합에 사용되는 볼은 반드시 심판에 의해서 선택되어야 한다. 시합 동안 심판은 선수나 팀의 요구, 또는 자유재량에 의해 볼을 교체할 수 있다. 원형이 아니거나 일정하지 않게 튀기는 볼이 사용되어서는 안 된다.

(2) 심판과 선수는 교체될 볼에 관해 의견이 일치되어야 하며, 경기 볼이 파손되었을 경우에 즉시 볼을 교체해서 경기를 진행시켜야 한다.

〔규칙 2-5〕 **라켓의 규정**

(1) 라켓의 규격은 범퍼 가드와 손잡이의 모든 단단한 부분을 포함해서 22인치 (55.88㎝)를 초과할 수 없다.

(2) 규격 라켓의 뼈대(프레임)는 안전하다고 판단되는 한 어떤 재료로도 만들어질 수 있다.

(3) 규격 라켓은 안전을 위해서 선수들의 손목에 감겨진 끈을 포함해야 한다.

(4) 규격 라켓의 스트링은 거트, 흑연섬유, 단섬유, 나일론, 플라스틱, 금속 또는 이것들의 합성으로 만들어지며, 볼의 표면에 흔적을 남기거나 볼을 망가뜨리는 소재는 사용할 수 없다.

(5) 부적합한 라켓을 사용할 경우에는 경기 진행 도중 몰수패를 당하거나 경기 중 발견된다면 다음 경기에서 한 게임을 몰수패 당한다.

〔규칙 2-6〕 **눈 보호안경 및 유니폼**

(1) 모든 선수들은 라켓볼 경기에 적합하도록 디자인된 것, 협회의 표준 규격에 부합되는 것이나 공급처나 제작처가 인증된 보호안경을 써야 한다. 이 규칙은 안경을 쓰는 선수에게도 해당된다. 보호안경은 모든 경기 때마다 착용하여야 하며 다른 안경으로 교체될 수 없다. 적합한 보호안경을 착용하지 않은 선수는 테크니컬 파울을 선언 받고 보호안경을 착용하기 위한 타임아웃이 선언된다. 한 경기에서 두 번째 위반을 했을 경우, 즉시 시합에서 몰수패가 선언된다.

(2) 경기복은 땀을 잘 흡수하지 못하거나 지나치게 헐렁한 것, 또는 지나치게 화려한 것을 제외한 어떠한 것이라도 허용된다. 신발은 바닥에 흠을 내지 않는 것을 신어야 한다.

(3) 경기 전 몸풀기에서의 장비

코트 위에서 진행되는 모든 몸풀기 시간에는 반드시 적합한 보호안경과 손목 끈을 착용해야 한다. 심판은 규칙에 따르지 않는 선수에게 테크니컬 경고를 주고, 경고 후에도 따르지 않는 선수에게는 테크니컬 파울을 선언해야 한다.

경기의 진행

〔규칙 3-1〕 **경기 대회**

모든 경기는 협회나 공무를 담당하는 대회위원장이 주관한다.

〔규칙 3-2〕 **경기 임원**

경기 중 판정은 대회위원장이나 대회 임원이 지명하는 심판이나 모든 관계자가 인정하는 한 사람이 맡는다. 두 명의 라인즈맨과 점수 기록원은 대회위원장이 지명한다.

〔규칙 3-3〕 **심판의 교체**

심판은 모든 관계자의 동의나 대회위원장 또는 공인된 규칙에 의해 교체될 수 있다. 한쪽의 선수나 팀은 심판의 교체를 요구하고 다른 쪽에서 교체를 반대할 경우 대회위원장이나 심판은 그 요구를 받아들일 수도 있고, 또는 거절할 수도 있다.

〔규칙 3-4〕 **규칙에 대한 설명**

모든 경기 대회 시작 전, 모든 심판과 경기자들은 대회위원장이 요구하는 규칙과 코트 힌더의 제한 또는 변경내용을 설명 들어야 한다. 이러한 설명은 서면으로 대체될 수 있다.

〔규칙 3-5〕 **심판**

(1) 경기 전의 의무

경기 전에 심판은 다음과 같은 일을 해야 한다.

① 경기장의 청결, 조명 그리고 온도 등에 대한 사전 점검.

② 볼·수건·점수판·연필 그리고 경기에 필요한 시계 등과 같은 용구에 대한 사전 점검.

③ 라인즈맨과 점수 기록원들의 준비와 자격에 대한 점검, 항의 절차에 대한 재검토와 그들의 의무와 규칙 그리고 지역에 따라 변경되는 규칙에 대해 설명한다.

④ 코트로 나가 자신을 소개하고 코트 힌더와 이 대회의 변경된 규칙을 설명하고, 잘못 설명된 규칙을 바로 잡는다.

⑤ 경기자의 장비를 살펴보고 라인즈맨을 지적해 주며, 경기 시 사용할 볼과 교체 가능한 볼을 선택한다.

⑥ 토스를 하여 이긴 쪽에 서브와 리시브 중 하나를 선택하게 한다.

⑦ 양 선수들이 시작할 준비가 되어 있을 때 심판은 0:0 스코어를 부르면서 경기를 시작한다.

(2) 판정

경기 도중 판정은 규칙에 입각해서 모든 결정을 내린다. 라인즈맨과 협의하여 결정을 하나 최후의 결정은 심판이 판정한다. 단식 경기에서 양쪽 선수 모두 그리고 복식의 네 선수 중 세 선수가 심판이 내린 판정에 불복한다면 심판은 그 판정을 번복해야 한다. 심판은 경기가 진행되는 동안 선수들은 물론 관중들에게도 권한을 행사할 수 있다.

(3) 항의

심판의 판정 외에 다른 결정에 대한 항의는 대회위원장 또는 명시된 관계자가 판단하여 결정할 수 있다.

(4) 몰수

심판은 다음의 경우에 경기를 몰수시킬 수 있다.

① 어떤 선수가 심판의 판정에 끝까지 불복하거나 스포츠맨십에 어긋나는 행동을 하였을 경우.

② 한 선수나 팀이 예정된 경기 시간보다 10분이 지나도록 출전하지 않을 경우. (대회

위원장은 주위 여건을 감안하여 그 이상 지체되는 것을 허락할 수 있다.)

③ 선수가 경고를 받고 심판의 승낙 없이 경기 도중 코트를 떠날 때.

④ 경기 중 팀이나 선수가 테크니컬 파울을 세 번 받을 경우.

(5) 불이행

경기자나 팀은 대회규정을 어기거나, 경기 중에 부적절한 행동을 하고 심판에게 반항하였을 때, 또는 경기장을 더럽히고 다른 규칙이나 절차를 어기는 등 주최 측의 기본적인 규칙을 어길 경우 경기의 몰수를 선언 당할 수 있다.

(6) 그 외의 규칙

심판은 협회의 공인 규칙 외의 다른 모든 것을 규정할 수 있다. 그러나 대회위원장에 의해 심판의 판정이 번복될 수도 있다.

〔규칙 3-6〕 **라인즈맨**

(1) 활동하는 경우

두 명의 라인즈맨은 한쪽 선수나 팀, 또는 심판이나 대회위원장이 요청할 경우 준결승이나 결승전에서 활동할 수 있다. 그러나 라인즈맨의 사용은 상황에 따라 결정되고 대회위원장에 의해서도 결정된다.

(2) 라인즈맨의 교체

만약 어떤 선수가 경기가 시작되기 전에 라인즈맨을 거부한다면 관계자나 선수 모두에게 수긍이 가는 교체자를 찾는 합리적인 노력이 행해져야 한다. 만약 경기가 시작된 후에 선수가 라인즈맨을 거부한다면 교체는 심판이나 대회위원장의 재량에 맡겨진다.

(3) 라인즈맨의 위치

선수들과 심판은 라인즈맨의 위치를 지적해야 한다. 위치에 대한 의견의 불일치는 대회 위원장이 조절한다.

(4) 의무와 책임

라인즈맨은 항의가 들어온 판정을 심판이 검토하는데 협조해야 하며 항의가 있을 경우 라인즈맨은 심판으로부터 항의에 대한 간단한 설명을 듣고 심판의 판정에 대한 자신의 의견을 제시해야 한다.

(5) 신호

심판에 대한 동의 표시는 엄지손가락을 위로 향하게 하고 반대의 표시는 엄지손가락을 아래로 향하게 한다. 의견이 없거나 논쟁의 소지가 있는 행동을 보지 못했을 때는 양손 바닥을 벌려서 아래로 향하게 한다.

(6) 신호의 예의

라인즈맨은 심판이 항의를 인정하거나 판단을 요구하기 전까지는 신호를 보내지 않도록 조심해야 한다. 심판의 요구에 의해 신호를 보낼 경우 라인즈맨은 양 선수를 쳐다보지 말고 선수들과 심판이 보이는 곳에서 자신의 견해를 밝혀야 한다. 만약, 어떤 판정에 항의가 들어왔는지, 심판의 판정이 무엇인지 잘 알지 못할 경우에는 반드시 심판에게 판정과 항의에 대해서 다시 말해주도록 요구해야 한다.

(7) 신호의 결과

양쪽 라인즈맨으로부터 의견이 없을 경우에는 심판의 판정은 유효하고 두 명 모두가 판정에 동의하지 않으면 그 판정은 번복된다. 그리고 양쪽 라인즈맨의 의견이 엇갈렸을 경우에 그 판정은 유효하다. 한 명의 라인즈맨은 판정에 반대하고 다른 한 명은 정확한 판정을 내리지 못할 경우에는 다시 경기를 진행한다.

〔규칙 3-7〕 항의

(1) 항의할 수 있는 판정

라인즈맨이 있는 모든 경기에서 선수는 다음과 같은 판정에 항의할 수 있다. 킬 샷 (Kill Shot), 스킵 볼(Skip Ball), 폴트 서브(Fault Serve), 아웃 서브(Out Serve), 리시빙 라인 바이오레이션(Receiving Line Violations), 더블바운드 픽업(Double bounce Pickups)이다. 그러나 스크린 서브(Screen Serve)는 항의할 수 없다. 선수는 스크린 서브, 모든 형태의 방해 행위 그리고 심판의 기술적인 또는 이성적인 판정에 대해 항의할 수 없다.

(2) 항의하는 방법

말로 하는 항의는 그 랠리가 끝나고 바로 심판에게 직접 해야 한다. 선수는 심판과 라인즈맨에게 항의할 만한 상황이 발생한 지점을 지적하는 방법으로 알려야 한다. 선수들은 랠리가 끝나거나 심판이 경기를 중단시키기 전까지는 경기를 계속 진행해야 한다.

(3) 항의가 받아들여지지 않는 경우

선수나 팀이 라인즈맨에게 직접 항의하거나 과도한 위협 행위나 불평을 한 뒤에 항의를 하는 경우에는 항의할 권리를 박탈당한다. 경기가 진행되는 동안 타당한 항의는 경기가 끝나거나 다음 서브가 시작되기 전에 해야 한다. 그러나 한 경기의 마지막 포인트에 대한 항의는 즉시 해야 한다.

(4) 어필의 제한

선수나 팀은 게임당 3번의 어필 기회를 갖는다. 그러나 두 명의 라인즈맨 모두가 심판의 결정에 반대를 표시할 경우 3번의 어필 기회에 산정되지 않는다. 또한, 3번의 어필 기회를 다 사용했다고 해도 중요한 경기의 마지막 랠리에서는 어필할 수 있다.

〖규칙 3-8〗 **항의의 결과**

(1) 여러 가지 항의에 대한 결과

① 킬 샷과 스킵 볼

만일 심판이 위기 상황(핀치, 패스, 킬 샷)에 콜을 할 경우 포인트를 잃은 선수는 항의할 수 있다. 만약 그 판정이 번복된다면 처음 진 쪽이 포인트를 얻게 된다. 패스나 핀치 샷을 시도했을 경우 심판이 스킵 볼을 선언하면 선수는 항의할 수 있다. 만약 판정에 대한 항의가 있다면 심판은 다시 경기를 할 것인가 아니면 계속 진행을 할 것인가를 결정해야 한다. 항의가 받아들여져서 심판 생각에 킬 샷 된

볼을 리시버가 되받아칠 수 있었던 상황이면 재경기를 한다. 반면 그 샷이 리시버가 도저히 칠 수 없는 상황이었다면 항의를 한 쪽 즉, 킬 샷을 한 쪽이 포인트를 얻는다.

② 폴트 서브(두 개의 서브가 주어진 경기)

심판이 폴트 서브를 선언했을 때 서브한 사람은 항의를 할 수 있다. 그러나 만약 심판이 생각하기에 그 서브는 번복할 필요가 없는 서브 에이스라면 서브한 쪽의 득점을 인정한다. 만약 심판이 서브가 제대로 들어왔다고 생각해 선언을 하지 않았을 경우 서브 받는 선수는 항의할 수 있다. 첫 번째 서브에서 판정이 번복되면 두 번째 서브만을 할 수 있고 두 번째 서브일 경우에는 서브권을 잃는다.

③ 아웃 서브

심판이 아웃 서브를 선언하면 서브한 선수는 항의할 수 있다. 만약 판정이 번복된다면 다시 경기를 진행한다. 판정이 번복되고 서브 에이스가 선언되면 득점이 인정된다.

④ 더블바운드 픽업

심판이 두 번 바운드 되었다고 선언하면 경기는 중단되고 선언 당한 선수는 항의할 수 있다. 판정이 한 번 바운드된 것으로 인정되면 재경기를 해야 한다. 단, 그 볼이 리시버가 되받아칠 수 없었던 상황이라고 심판이 확신한 경우에는 항의한 쪽이 포인트를 얻는다.

⑤ 리시빙 라인 바이오레이션

심판이 리시빙 라인을 침범했다고 판정을 내려 경기가 중단되면 선언 당한 선수는 항의할 수 있다. 항의가 받아들여지면 서브를 다시 해야 하나, 리시버가 타구한 볼이 서버가 받을 수 없는 상황이라면 심판은 서브권의 교체를 선언할 수 있다. 심판이 반칙을 선언하지 않았으나 서브한 선수가 보기에 침범이면 항의할 수 있다. 만약 항의가 받아들여진다면 득점이 인정된다. (규칙4-11, 12 참고)

⑥ 코트 힌더

랠리 중이나 서브리턴 시 심판이 코트 힌더를 선언하면 랠리는 점수에 관계없이 다시 진행된다. 선수가 코트 힌더를 느꼈으나 심판이 노콜을 했을 경우 그 선수는 어필을 할 수 있다. 만약 어필이 성공하면 랠리는 다시 진행된다.

〔규칙 3-9〕 **규칙 설명**

만약 선수가 심판이 규칙을 잘못 설명했다고 느끼면 선수는 심판 또는 대회위원장에게 규칙을 적은 책에서 적용되는 규칙을 보여주도록 요구할 수 있다. 잘못 적용했거나 잘못 이해했다는 것이 밝혀지면 관계자는 재경기를 시키거나 포인트를 인정하든지 사이드 아웃을 선언한다. 이와 같이 자신이 모르고 있던 규칙들은 정확하게 잘못을 바로잡아야 한다.

경기 규칙

〔규칙 4-1〕 **서브**

첫 게임은 토스를 통해 순서를 정하여 이긴 선수나 팀이 서브나 리시브 중 선택을 한다. 두 번째 게임은 첫 게임과는 반대로 시작한다. 두 게임에서 총득점이 가장 많은 선수나 팀이 타이브레이크(Tiebreak), 경기 시 서브나 리시브 중 하나를 선택할 수 있다. 만약 두 게임에서 양 선수나 양 팀의 총득점이 같은 경우에는 다시 토스를 통해 그 승자가 서브나 리시브 중 하나를 선택할 수 있다.

〔규칙 4-2〕 **시작**

서브는 서비스 존 안의 어디서나 할 수 있다. 볼은 조금이라도 서비스 존의 경계선을 넘을 수 없고 발은 쇼트 라인을 넘을 수 없지만, 서비스라인은 넘을 수 있다. 단, 서비스라인을 완전히 벗어나는 것은 풋 폴트로 인정한다. 서버는 서브 동작을 시작할 때부터 서브된 볼이 쇼트 라인을 지날 때까지 서비스 존 안에 있어야 하며 서브한 볼이 쇼트 라인을 벗어남과 동시에 쇼트 라인을 넘어올 수 있다. 서브는 심판이 점수를 말하거나 서브를 지시하고 난 후에 해야 한다.

〔규칙 4-3〕 **방법**

서비스 존 안에서 자리를 잡은 후에 선수는 동작을 방해받지 않고 연속 동작으로 할 수 있다. 일단, 서비스 동작을 시작하면 볼은 서비스 존 안에서 한 번 바운드시킨 다음에 라켓으로 타구한다. 그렇게 친 볼은 전면을 맞고 직접 쇼트 라인을 지나거나 혹은, 측면을 맞고 쇼트 라인을 지나야 한다. 보크 서브 같은 속임수의 헛스윙은 아웃 서브가 된다. 서비스 존 밖에서 볼을 튀기는 것은 폴트 서브이다.

〔규칙 4-4〕 준비

서브는 심판이 점수를 말하거나 리시버를 눈으로 확인한 후에 시작해야 한다. 심판은 서버와 리시버가 각자의 위치로 돌아갈 준비가 되어 있을 때, 포인트가 결정된 직후 짧게 그 점수를 말해야 한다.

〔규칙 4-5〕 지연

서버나 리시버 중 어느 한쪽이 10초 이상 지연하면 아웃이나 포인트가 선언된다.

(1) 10초 규칙은 서버나 리시버에게 동시에 적용된다. 일괄적으로 점수가 불린 후 10초 안에 서브를 넣거나 받을 준비가 되어 있어야 한다. 리시버는 준비가 안 되었으면 라켓을 머리 위로 올리거나 완전히 등을 서버 쪽으로 돌림으로써 준비가 안 되어 있음을 알려야 한다. 이 두 방법만을 사용하여야 한다.

(2) 리시버가 리시브 준비가 안 되어 있음을 알리는 중에 서브를 하면 벌점 없이 서브를 다시 할 수 있다. 그러나 서버는 심판으로부터 리시버를 확인하라는 경고를 받는다. 만약 서버가 리시버를 확인하지 않고 계속 서브를 하면 심판은 경기 지연으로 간주하여 테크니컬(Technical)을 선언할 수 있다.

(3) 점수가 불린 후에 서버가 리시버를 보았을 때 리시버가 준비가 안 되었음을 알리는 신호가 없을 때에는 서버는 서브할 수 있다. 리시버가 그 직후에 준비가 안 되었음을 알리려고 하면 그 신호는 인정되지 않고 서브는 정당한 것이 된다.

〔규칙 4-6〕 드라이브 서비스 존

드라이브 서브 라인은 양 측면에서 90㎝ 떨어진 곳을 말하며 그 지점으로부터 나머지 안쪽 520㎝가 서비스 존이 된다. 서버는 서브를 넣은 후 그 볼이 쇼트 라인을 넘을 때까지 드라이브 서브 라인을 넘어서는 안 된다.

(1) 드라이브 서브 존은 크로스코트 드라이브 서브, Z 서브, 로브 서브와 하프 로브 서브는 적용되지 않는다.

(2) 서브 시 라켓이 볼과 접촉할 때에는 드라이브 서브 라인 안쪽으로 라켓이 들어가면 안 된다.

(3) 90㎝ 라인은 520㎝ 지역의 일부가 아니며, 서브를 하는 동안 드라이브 서브 라인 위에 볼을 떨어뜨리거나 서 있으면 위반이다.

〖규칙 4-7〗 복식에서의 서브
(1) 서버
복식에서 게임을 시작할 때마다 각 팀은 심판에게 경기 중 지속되어야 하는 서비스 차례를 알려야 한다. 첫 게임의 첫 서브는 한 팀의 두 명이 모두 넣는 것이 아니라 한 명만이 서브를 넣을 수 있다. 그 후에 양 팀 선수들은 핸드 아웃과 사이드 아웃이 될 때까지 서브를 할 수 있다.

(2) 파트너의 위치
서브하는 선수의 파트너는 서브 동작을 시작한 순간부터 서브된 볼이 쇼트 라인을 지날 때까지 서비스 박스 안에 있어야 한다. 그러나 서브하는 선수의 파트너가 볼이 쇼트 라인을 지나기 전에 세이프티 존으로 들어가면 서브하는 선수는 서브를 잃게 된다. 이때의 반칙을 풋 폴트라 한다. 또한 복식 게임에서 볼이 서버의 파트너 몸 뒤쪽으로 지나가면 스크린 서브가 된다.

〖규칙 4-8〗 불완전한 서브
불완전한 서브는 다음과 같이 벌점이 주어지는 세 가지 유형이 있다.

(1) 데드 볼 서브: 데드볼(Dead Ball) 서브는 벌점이 없고, 서브하는 선수는 다시 서브를 할 수 있다.

(2) 폴트 서브: 폴트 서브를 두 번 하면 핸드 아웃이나 사이드 아웃이 된다.

(3) 아웃 서브: 한 번 아웃 서브하면 핸드 아웃이나 사이드 아웃이 된다.

〔규칙 4-9〕 데드볼 서브

데드 볼 서브의 경우는 다음과 같다.

(1) 볼이 파트너를 맞힌 경우

서브하는 선수가 복식 박스 안에 있는 자기 파트너를 맞혔을 경우 서버는 한 번의 서브를 더 부여받는다. 그러나 두 번째 서브도 역시 파트너를 맞춘다면 핸드 아웃이나 사이드 아웃이 선언된다.

(2) 원 터치 리턴

경기 중 선수나 한 팀에서는 한 번만 볼을 쳐야 하며 그렇지 않을 경우에 랠리에서 지게 된다. 또한 볼을 친다기보다는 던지는 것 같은 효과가 생기도록 라켓 면에 일시적으로 머무르는 것은 안 된다.

(3) 볼의 파손

볼이 서브 중에 깨지면 새 볼로 바꿀 수 있고 그 서브는 다시 할 수 있다.

(4) 코트 힌더

경기 중 방해물로 인정되는 코트의 어느 부분이라도 맞는 서브는 데드볼 서브로 간주된다.

폴트 서브는 다음과 같다. 만약 폴트 서브를 계속해서 두 번 하면 아웃이 된다.

(1) 풋 폴트

다음과 같은 경우에 성립된다.

① 서브하는 선수가 두 발을 서비스 존에 넣지 않고 서브를 할 경우(하나의 서브가 주어진 경기에서는 아웃 서브이다.)

② 서버의 발이 서비스 라인에 걸려 있지 않고 완전히 벗어난 경우(하나의 서브가 주어진 경기에서는 아웃 서브이다.)

③ 복식에서 서버의 파트너가 서브 동작을 시작할 때부터 볼이 쇼트 라인을 지나기 전에 서비스 박스를 벗어날 경우.

(2) 쇼트 서비스

이것은 전면을 맞고 튀어나온 볼이 쇼트 라인 앞이나 쇼트 라인에 맞는 경우(하나의 서브가 주어진 경기에서는 아웃 서브이다.)

(3) 스리 월 서브

전면을 맞고 나온 볼이 바닥에 닿기 전에 양쪽 측면을 맞는 경우(하나의 서브가 주어진 경기에서는 아웃 서브이다.)

(4) 실링 서브

전면을 맞은 후 천장을 맞는 경우(하나의 서브가 주어진 경기에서는 아웃 서브이다.)

(5) 롱 서브

전면을 맞고 튀어나온 볼이 바닥에 닿기 전에 후면을 맞는 경우(하나의 서브가 주어진 경기에서는 아웃 서브이다.)

(6) 아웃 오브 코트 서브

　전면에 맞고 바닥을 닿기 전에 후면 3.7m 이상 위로 나가는 서브(하나의 서브가 주어진 경기에서는 아웃 서브이다.)

(7) 서비스 존 밖에서 볼을 튀길 경우

　서브 동작의 일부로서 볼을 서비스 존 밖에서 튀길 경우 폴트 서브가 된다(하나의 서브가 주어진 경기에서는 아웃 서브이다.).

(8) 부당한 드라이브 서브

　선수가 520㎝ 서비스 존을 지키지 못할 경우의 드라이브 서브(하나의 서브가 주어진 경기에서는 아웃 서브이다.)

(9) 스크린 서브

　서브된 볼이 전면을 맞고 나와 서버의 몸으로부터 근접하게(45.7㎝) 통과하여 리시버가 볼을 확실히 볼 수 없는 경우의 서브를 말한다. 단 하나의 서브가 주어지는 경기에서는 서브를 잃지 않고 다시 하나의 서브가 부여된다. 그러나 두 번째 서브도 역시 스크린 서브로 판정되면 이때는 사이드 아웃이 된다. 스크린 서브는 서버가 항의할 수 없는 오직 하나의 폴트 서브이다.

〔규칙 4-11〕 **아웃 서브**

　다음과 같은 경우는 모두 아웃 서브가 된다.

(1) 폴트 서브를 연속해서 두 번 할 경우(두 개의 서브가 주어진 경기)

(2) 심판이 점수를 콜한 다음 10초 이내에 서브하지 못할 경우

(3) 서브 시 헛스윙을 하거나 그 볼이 서버의 몸에 닿았을 경우

⑷ 터치 서브

전면에 맞은 볼이 서버의 라켓이나 몸에 맞은 경우 또는 그 파트너가 고의로 볼을 잡았을 경우.

⑸ 페이크 또는 보크 서브

서버가 서브할 목적으로 볼을 떨어뜨린 후 볼을 치려는 라켓의 움직임이 연속적인 동작이 아니거나 리시버를 속이려는 행동으로 인정될 경우. 만약 보크 서브가 발생할 경우 심판이 고의적 동작으로 보지 않는다면 심판은 서버에게 경고를 주고 벌칙 없이 다시 서브를 할 수 있도록 경기를 진행시킨다.

⑹ 부당한 타법

라켓에 볼을 두 번 접촉하는 것. 즉 볼을 운반하듯이 칠 경우와 신체 또는 운동복의 어떤 부분으로 볼을 칠 경우

⑺ 논 프런트 월 서브

서브를 할 때 최초에 전면을 맞지 않은 모든 서브.

⑻ 크로치 서브

서브된 볼이 전면과 바닥, 전면과 측면 또는 전면과 천장이 만나는 경계선에 맞으면 그 볼은 아웃 서브이다. 후면과 바닥이 만나는 경계선에 맞는 서브는 유효하다. 또한 서브된 볼이 쇼트 라인을 지나서 측면과 바닥의 경계선에 맞는 것도 유효하다.

⑼ 순서가 틀린 서브

복식에서 선수 중 어느 하나가 순서에 맞지 않게 서브를 넣으면 서브한 사람은 서브권을 잃고 아웃 서브가 선언된다. 두 번째 서브하는 선수가 순서에 맞지 않게 서브하는 아웃 서브는 첫 번째 서브하는 선수에게 적용되고, 두 번째 서브하는 선수는 서브를 다시 할 수 있다.

첫 번째 서브하는 선수가 순서에 맞지 않게 서브할 경우 상대 선수가 지적한다면 사

이드 아웃이 선언된다. 라인즈맨이 있는 경기에서는 심판은 순서가 틀렸을 경우에 라인즈맨에게 상의할 수 있다.

⑩ 볼에 땀을 묻히는 행위

의도적으로 볼에 땀을 묻히는 행위

⑪ 아웃 오버 코트 서브

서브된 볼이 백 월 3.7m 라인을 벗어난 경우

〔규칙 4-12〕 **서브의 리턴**

(1) 리시빙의 위치

① 리시버는 볼이 바운드 되기 전에 세이프티 존에 들어갈 수 없다.

② 서브된 볼을 직접 리턴할 때 리시버는 리시빙 라인을 침범할 수 없다. 그러나 서브된 볼이 리시빙 라인을 벗어나는 볼을 치는 순간 라켓은 리시빙 라인을 넘을 수 있다.

③ 리시버는 서브 받는 도중에 후면에서 리바운드 된 볼을 칠 경우를 제외하고는 리시빙 라인 안에 들어갈 수 없다. 리시빙 라인의 모든 위반은 서버에게 포인트가 된다.

(2) 불완전한 서브

리시버하는 팀은 심판이 콜을 하거나 확실한 롱 서브 또는 쇼트 서브와 같은 볼이 바닥에 두 번 닿기 전에 고의적으로 서브된 볼을 잡거나 건드릴 수 없다. 이 경우의 위반은 포인트가 된다.

(3) 올바른 리턴

정당한 서브 후에 리시브한 팀의 선수는 한번 바운드 된 후에 또는 직접 볼을 쳐야 한다. 그리고 볼이 바닥에 두 번 닿기 전에 직접 또는 양 측면, 후면 천장을 맞히거나 그 이상, 여러 번 맞혀서라도 볼을 전면으로 리턴해야 한다.

(4) 리턴의 실패

리턴의 실패는 서버에게 포인트가 된다.

규칙 4-13. 서브권 교체

(1) 아웃

서버는 다음과 같은 경우를 제외하고는 서브를 계속할 수 있다.

① 아웃 서브 (규칙4-10, 4-11 참고)

② 폴트 서브를 계속해서 두 번 했을 경우(규칙4-10 참고)(두 개의 서브가 주어진 경기)

③ 볼이 파트너를 맞혔을 경우: 선수가 고의적으로 자기편 파트너를 맞혔을 경우

④ 리턴을 실패했을 경우: 선수나 파트너가 규칙에 따라 경기를 진행 못 할 경우

⑤ 어보이더블 힌더: 선수나 파트너가 경기 시 피할 수 있는 상황을 고의로 방해할 경우(규칙4-16 참고)

(2) 사이드 아웃

단식에선 서버를 바꾸는 것이 사이드 아웃이며, 복식에선 두 명이 모두 서브를 잃었을 경우에 바뀐다. 단, 복식에서 첫 게임을 시작할 경우 첫 번째 서브를 실패하면 서브권을 잃는다.

(3) 사이드 아웃의 결과

서버나 서브하는 팀이 사이드 아웃이 될 경우 서버는 리시버가 되고 리시버는 서버가 된다.

〔규칙 4-14〕 랠리

서브를 한 후에 합법적인 리턴을 랠리라고 한다. 랠리 중의 경기는 다음 규칙을 따라야 한다.

(1) 올바른 리턴

올바른 리턴을 하기 위해서는 언제라도 라켓의 헤드로 쳐야 한다. 라켓은 한 손 또

208

는 두 손으로 잡을 수 있다. 볼을 치기 위해 손을 바꾸거나 신체나 운동복의 어느 부분이라도 볼이 닿거나 손목 끈을 제거하면 랠리에서 지게 된다.

(2) 원 터치 리턴

경기 중 선수나 한 팀에서는 단 한 번만 볼을 쳐야 하며 그렇지 않을 경우에 랠리에서 지게 된다. 또한 볼을 친다기보다는 던지는 것 같은 효과가 생기도록 라켓 면에 일시적으로 머무르는 것은 안된다.

(3) 리턴의 실패

다음 사항들은 모두 랠리 중 리턴의 실패를 뜻한다.

① 볼을 치기 전에 두 번 이상 바운드 된 경우

② 타구한 볼이 전면까지 못 미칠 경우

③ 라켓으로 타구한 볼이 전면을 맞지 않고 후면 3.7m 이상 위로 나갔을 경우

④ 방향이나 속력으로나 확실히 전면에 맞을 수 없는 볼이 코트의 다른 선수를 맞힐 경우

⑤ 한 선수가 친 볼이 자기 팀 파트너를 맞힐 경우

⑥ 피할 수 있는 방해를 범했을 경우 (규칙4-16 참고)

⑦ 랠리 중에 손을 바꿀 경우

⑧ 라켓 손목 끈을 사용하지 않을 경우

⑨ 볼이 몸이나 운동복에 닿을 경우

⑩ 라켓으로 볼을 운반하듯이 치는 경우

(4) 리턴 실패의 결과

반칙은 랠리에서 지게 된다. 서브하는 선수나 팀이 랠리에서 진다면 핸드 아웃 또는 사이드 아웃이 된다. 또한 리시버가 랠리에서 지면 서버는 포인트를 얻게 된다.

(5) 리턴의 시도

① 볼이 바닥에 두 번 닿기 전에 리턴 시도를 계속할 수 있다.

② 복식에선 한 선수가 헛스윙한 경우 같은 팀의 두 선수 모두가 볼이 바닥에 두 번 닿기 전에 리턴 시도를 할 수 있다. 같은 편 두 선수는 볼을 리턴해야 할 권리가 있다.

(6) 아웃 오브 코트 볼
① 랠리 중 경기자가 친 볼이 전면을 맞고 그대로 후면의 3.7m 이상 위로 나갔을 경우에는 사이드 아웃이나 포인트가 된다.
② 랠리 중 경기자가 친 볼이 전면에 맞지 않고 천장, 측면 등을 맞고 후면 3.7m 이상 위로 나갔을 경우에는 아웃으로 선언된다.

(7) 볼의 파손
서브나 랠리 중에 볼이 깨졌다는 의심이 있더라도 경기는 랠리가 끝날 때까지 계속해야 한다. 심판이나 어느 선수라도 볼 검사를 요구할 수 있다. 심판이 볼이 깨졌다고 결론을 내린 경우 볼은 바꾸어 다시 진행된다. 볼의 파손을 검사하는 가장 좋은 방법은 손으로 볼을 눌러보는 것이다. 라켓으로 볼을 검사하는 것은 효과적인 검사가 아니다.

(8) 경기의 중단
① 코트에 다른 사물이 들어오거나 밖에서의 방해가 있을 경우 심판은 경기를 중단시키고 데드볼 힌더를 선언한다.
② 선수가 신발이 벗겨졌거나 다른 장비가 파손되었을 때 선수의 안전과 경기 지속에 방해가 된다면 심판은 경기를 중단할 수 있다. 만약 심판이 볼 때에 상황이 안전하다고 인정되면 랠리는 계속 진행된다.(단 랠리 중 떨어진 물건으로 인하여 상대 선수가 랠리가 어렵다고 판단되면 물건을 떨어뜨린 선수가 지게 된다.)

(9) 리플레이
리플레이(Replays)는 어떤 이유에 의해 랠리가 재경기될 때마다 서버는 2개의 서브권을 받게 된다. 그 전의 폴트 서브는 무시된다.

⑩ 물기가 있는 볼

서브 중에 모든 결과는 볼이 건조한 상태에서 이루어져야 한다. 고의적으로 볼을 촉촉하게 하는 것은 아웃이 된다. 볼은 경기 중에 언제라도 심판이 검사할 수 있다.

〔규칙 4-15〕 데드 볼 힌더

랠리 중 데드 볼 힌더가 있을 경우 서버는 2개의 서브권을 가지고 벌칙 없이 재경기된다.

(1) 상황

① 코트 힌더

볼이 코트 힌더가 분명한 부분이나, 표면이 거칠고 불규칙하여 심판이 랠리에 영향을 줄 것이라고 판단하는 부분을 맞힐 경우 경기는 중단된다.

② 볼이 상대편을 맞혔을 때

상대편이 리턴 샷에 맞았을 경우 데드 볼 힌더라 한다. 상대편을 맞힌 볼이 힘이나 방향으로 보아 확실히 전면에 닿을 수 없는 볼이라면 힌더가 아니며, 그 볼을 친 선수는 랠리에서 지게 된다. 볼에 맞는 선수는 경기를 중단할 수 있고 콜을 할 수도 있다. 콜은 즉시 해야 하고 심판이 인정해야 한다.

③ 신체 접촉

심판의 판단이 판단하기에 랠리를 중단할 만큼 충분한 신체 접촉이 일어나면 더 이상의 접촉으로 인한 해를 막기 위해서 또는 선수가 확실한 리턴을 할 수 없기 때문에 힌더를 콜할 수 있다. 공격 선수가 명백히 찬스가 있을 때의 우연한 신체 접촉은 공격 선수가 확실히 경기를 중단하지 않는다면 라켓과의 접촉은 대개 데드 볼 힌더로 간주되지 않는다.

④ 스크린 볼

전면으로부터 바운드된 볼이 수비 팀의 몸에 너무 근접해 공격 선수가 볼을 명확히 볼 수 없도록 방해하는 볼을 스크린 볼이라 한다. (심판은 너무 빨리 스크린 선언을 해서 좋은 공격 기회가 없어지지 않도록 리턴한 볼이 같은 편 선수의 두

다리 사이로 지나가는 것은 자동적으로 스크린이 아니다. 그것은 선수의 근접과 관련이 있는 것으로서, 다시 한번 밝히지만 콜은 공격 선수의 찬스를 감안해야 한다.

⑤ 백스윙 힌더

백스윙을 하거나 리턴하기 직전에 신체나 라켓의 접촉은 스윙할 수 있는 공격자의 능력을 약화시킨다. 이것은 리턴하려는 선수에 의해 콜될 수 있다. 콜은 즉시 해야 하고 심판이 인정해야 한다. 백스윙 힌더는 어보이더블 힌더로 포인트 또는 사이드 아웃으로 간주될 수 있다.

⑥ 안전을 위한 중지

리턴하려는 선수 자신이 상대편을 볼이나 라켓으로 칠 것 같다고 생각되면 리턴하려던 선수는 즉시 경기를 중단하고 데드 볼 힌더를 요구해야 한다. 이 콜은 즉시 해야 하며 심판이 인정해야 한다.(안전을 위한 중지가 타당하다고 생각하면 심판은 데드볼 힌더를 선언하고 또 상황이 선수가 리턴할 수 있고 심판 역시 그것이 정당하다고 생각하면 어보이더블 힌더를 선언할 수 있다.)

⑦ 기타 방해

상대편이 볼을 향하여 움직이거나 리턴할 좋은 기회를 막는 고의적이 아닌 방해를 말하며, 코트 면의 물기 있는 곳에 볼이 맞고 미끄러질 경우를 말한다.

(2) 힌더의 결과

심판의 힌더 선언은 경기를 중단시키고 다음에 오는 어떤 상황도 무효화시킨다. 선수가 콜할 수 있는 힌더는규칙 4-15의 (1)-①, ②, ⑤, ⑥에서 제시되어 있고 그것은 심판의 인정을 받아야 한다. 데드 볼 힌더는 경기를 중단시키고 재경기한다. 이때 서버는 2개의 서브를 갖는다.

(3) 피하기

볼을 리턴하려고 할 때 선수는 정당한 리턴을 할 권리가 있다. 한쪽 팀이 볼을 치면 그 팀은 리시브하는 쪽이 볼을 방해 없이 보고 칠 수 있도록 할 책임이 있다. 그러나 심판의 판정에 있어서 리시버는 볼을 향해 합당한 노력을 해야 하며 힌더라고 선언되기 위해서는 볼을 리턴하는 충분한 노력을 보여야 한다.

〔규칙 4-16〕 어보이더블 힌더

어보이더블 힌더를 하게 되면 랠리에서 지게 되며 다음과 같은 행동의 결과로서 나타난다.

(1) 움직이지 않는 경우

상대편이 충분히 샷을 할 수 없도록 움직이지 않거나, 상대편 샷을 하는 방향으로 움직이는 행위.

(2) 스트로크의 방해

선수가 움직일 경우나 움직이지 않을 경우 리턴하는 상대편이 자유롭지 못해, 스윙에 방해를 받는 경우. 이것은 상대편이 마음껏 공격 샷을 못하게 무의식적으로 잘못된 방향으로 움직이는 것도 포함된다.

(3) 블로킹

상대편이 볼을 향해 가거나 리턴하는 것을 막는 위치로 움직이는 것을 말하며, 복식에서는 선수가 볼을 리턴할 때 상대편 앞으로 가거나 그 선수의 파트너가 가는 것도 역시 이에 포함된다.

(4) 볼을 향한 움직임

상대편 진로를 가로막고 그 볼에 맞는 것.

(5) 푸싱

랠리 중에 고의적으로 미는 것.

(6) 고의적으로 혼란스럽게 하는 행위

고의적인 외침, 발을 구르거나 라켓을 이리저리 흔들고 그 이외의 볼을 치는 선수를 혼란케 하는 모든 행동.

(7) 시야의 방해

상대편이 볼을 치기 직전에 시야를 가로질러 움직이는 것.

(8) 볼에 물이 묻어 있을 경우

고의적으로 볼에 물을 묻히는 경우.

(9) 장비

상대방 장비로 인하여 불이익이 발생할 경우.

〔규칙 4-17〕 **타임아웃**

(1) 쉬는 시간

각각의 선수나 팀은 15점 게임일 경우 30초의 타임아웃을 세 번 요청할 수 있고, 11점 게임일 때는 30초 타임아웃을 두 번 요구할 수 있다. 서브 동작이 시작된 다음에는 타임아웃을 요청할 수 없고 한 번의 타임아웃에서 30초를 초과할 수 없다. 만약 이를 어기면 경기를 지연시키는 것으로 간주하고 테크니컬을 판정받는다.

(2) 부상

경기 중 선수가 볼, 라켓, 상대 선수, 벽면이나 바닥에 부딪혀 상처를 입으면 부상을 치료하기 위한 타임아웃을 요청할 수 있다. 만약 15분이 지난 다음에도 경기를 속행할 수 없으면 상대방이 승리하게 된다. 근육 경련 및 피곤 등 코트에서 바로 치료할 수 없는 만성적인 병은 부상으로 인정되지 않는다.

(3) 장비 점검을 위한 타임아웃

선수는 항상 경기하기 편한 옷과 장비를 착용해야 하며 장비를 조절하거나 교체하는 것은 타임아웃이나 경기 간의 사이에 해야 한다. 만약 선수나 팀이 타임아웃을 다 소비하였을 경우에는 심판이 보기에 장비의 조절과 교체가 정당하고 안전을 위해 꼭 필요하다고 판단되면 장비 교체를 위한 타임아웃을 줄 수 있고, 그 시간은 2분을 넘지 못한다. 그러나 상황에 따라서 심판은 시간을 더 허락할 수도 있다.

(4) 경기 간 간격

첫째와 두 번째 경기 간의 쉬는 시간은 2분이고 만약 타이브레이크가 필요하다면 두 번째와 세 번째 경기 간에는 5분을 쉰다.

(5) 경기 연기

경기는 심판에 의해 연기될 수 있고 연기될 당시의 득점 상황과 똑같이 다시 시작해야 한다.

〔규칙 4-18〕 테크니컬

(1) 테크니컬 파울

심판은 선수가 일부러 반칙을 범한 것이 명백할 경우 심판의 독자적인 판단으로 그 선수나 팀에게 1포인트를 감점시킬 수 있다. 이러한 벌칙의 선언을 레프리 테크니컬 (Referee's Technical)이라 한다. 만약 테크니컬을 선언 당한 선수나 팀이 즉시 경기에 임하지 않을 경우 심판은 상대방을 위해 경기를 몰수할 수 있다. 다음과 같은 행동들을 테크니컬 파울이라 한다.

① 모독: 모독은 당연한 테크니컬이고 모독 행위가 발생할 경우 심판은 테크니컬을 선언한다.

② 지나친 항의

③ 상대방이나 심판을 향한 협박

④ 랠리 중 볼을 신경질적으로 또는 지나치게 강타할 경우

⑤ 라켓을 코트에 팽개치거나 문을 세게 닫거나 코트나 선수에게 상처를 입힐만한 모든 행위

⑥ 타임아웃이나 경기 중에 말을 많이 하거나 코트가 말라 있는데도 지나치게 물기를 닦는 행동을 보이든지, 심판에게 지나치게 질문하거나 필요 없는 항의를 해서 시간을 끄는 행위

⑦ 나쁜 로브 서브를 무효로 만들기 위해 고의적으로 볼을 잡는 행위나 풋 폴트를 유도하는 행위

⑧ 스포츠맨십에 어긋나는 행동

⑨ 선수가 눈 보호안경을 착용하지 않거나 잘못 착용했을 경우에는 첫 번째 반칙 때 자동적으로 테크니컬을 판정 받는다. 두 번 적발 당하면 몰수 패를 당한다.

⑩ 라켓볼 운동에 맞게 고안된 눈 보호안경을 착용하지 않으면 첫 번째 반칙 때 자동적으로 테크니컬을 판정 받는다.

(2) 테크니컬 경고

선수의 행동이 레프리 테크니컬을 받을 만큼 심하지 않으면 감점 없이 테크니컬 경고만을 받는다.

(3) 테크니컬 또는 경고의 결과

심판이 레프리 테크니컬을 선언하면 반칙을 범한 선수는 감점을 당한다. 테크니컬 경고를 받으면 감점은 없지만, 경고를 받는 이유를 설명 들어야 한다. 테크니컬의 선언은 서브권을 바꾸거나 사이드 아웃을 할 수 없다. 경기 중 테크니컬이 선언되면 선언 당한 선수나 팀은 1점을 감점당한다. 만약 레프리 테크니컬을 당한 선수가 점수가 없을 때에는 점수가 마이너스(−1)된다.

〖규칙 4-19〗 **연령별 구분**

나이는 대회 첫날을 기준으로 결정된다.

(1) 남자와 여자의 연령별 구분

① 주니어: 19세 이상

② 주니어 베테랑: 25세 이상

③ 베테랑: 30세 이상

④ 시니어: 35세 이상

⑤ 베테랑 시니어: 40세 이상

⑥ 마스터즈: 45세 이상

⑦ 베테랑 마스터즈: 50세 이상

⑧ 골든 마스터즈: 55세 이상

⑨ 시니어 골든 마스터즈: 60세 이상

⑩ 어드벤스 골든 마스터즈: 65세 이상

⑪ 슈퍼골든 마스터즈: 75세 이상

(2) 다른 유형의 구분

① 복식

② 혼합복식

(3) 어린이 구분

① 18세 이하

② 16세 이하

③ 14세 이하

④ 12세 이하

『규칙 4-20』 **심판이 없을 때의 판정**

경기에 참가한 모든 경기자들에게 가장 중요하고 우선적인 책임은 안전이다. 선수들의 신체적인 안전은 언제라도 절대적으로 보장받지 못한다. 선수는 신체적인 위험이 있더라도 벌점 없이 스윙을 해야 하고 또 그럴 권리가 있다.

(1) 점수

심판 또는 점수 기록원이 없을 때는 서브하는 사람이 자신의 점수와 상대방의 점수를 서브하기 전에 차례대로 부른다.

(2) 랠리 하는 동안

랠리 하는 동안 볼을 치는 사람은 콜을 해야 한다. 만약 스킵 볼, 투 바운드, 또는 부당한 타격의 가능성이 있더라도 볼을 치는 사람이 소리치기 전까지는 랠리가 계속된다. 만약 볼을 치는 사람이 자신의 볼에 의해 콜을 하지 않아 랠리에서 이겼다면 상대방은 볼을 친 선수에게 그 볼은 잘못됐으니 다시 생각해보라고 항의할 수 있다. 만약 양쪽의 의견이 엇갈리게 되면 그 랠리는 다시 해야 한다. 경기자들은 자신들이 확신하지 못할 상황에 대해서는 합의하는 것이 예의이며, 자신이 친 볼이 나빴다고 생각되면 콜을 해야 한다.

(3) 서비스
① 폴트 서브
   리시브하는 사람은 폴트 서브에 대한 일차적인 콜을 해줄 책임이 있다. 볼을 받는 사람은 그가 친 후나, 그 볼이 얼마나 자기에게 유리한지 살펴보지 말고 즉시 콜을 해야 한다. 그것은 선택할 수 있는 것이 아니고, 서브를 받는 선수는 쇼트 서브를 칠 권리도 없다.
② 스크린 서브
   심판이 없을 경우 콜을 하는 것은 서브를 받는 사람의 고유의 권리이다. 만약 서브를 받는 사람이 코트의 중간쯤에 있어서 그 볼에 대한 정확한 견해를 가지고 있지 못하면 즉시 스크린을 선언해야 한다. 서브를 받는 사람은 볼을 치려고 했거나 코트의 중간에서 벗어난 후에 스크린을 선언해서는 안 된다. 서브한 사람은 서브 받는 사람에게서 스크린 선언하는 소리를 듣지 못했다면 경기에 계속 임해야 한다.
③ 다른 상황
   풋 폴트 10초 규칙 위반, 리시빙 라인 바이오레이션, 서비스 존 침범과 테크니컬의 선언은 심판이 있어야 가능하다. 그러나 만약 상대방이 분명하게 규칙을 어겼을 때는 양쪽이 합의를 해서 규칙에 따라야 할 것이다.

(4) 힌더
일반적으로 힌더는 스크린 서브처럼 방해받는 사람을 위해 지명 경기처럼 작용되어야 한다. 오직 볼을 치려고 하는 사람에게만 콜을 할 권리가 주어지는데 그 사람은 자기의 이익을 따지지 말고 즉시 "힌더"라고 선언해야 한다. 만약 방해가 된 장소가 약간의 육체적 접촉이나 스크린을 발생시키지만, 효과적인 리턴이 될 수 있을 것 같으면 게임을 중지시키지 않아도 된다.

(5) 어보이더블 힌더

피할 수 있는 방해는 보통 계획적인 것이 아니므로 친선 경기에서도 일어날 수 있다. 선수가 자신의 실수를 깨달으면 상대방에게 솔직히 그 랠리의 점수를 주어야 한다. 만약 선수가 상대방이 피할 수 있는 방해를 했으나 그것을 콜하지 않으면 반칙을 한 사람은 그것은 피할 수 있는 것이라고 지적하며 항의할 수 있다. 상대 선수가 동의를 하거나 안 하거나 콜을 부르는 것은 전적으로 자신에게 달려있다. 흔히 자신이 판단해서 피할 수 있는 것이라고 지적해주면 상대 선수는 앞으로의 랠리에서 주의하여 같은 실수를 되풀이하지 않을 것이다.

휠체어

다음에 나오는 몇몇 수정안과 예외적인 경우를 제외하고 라켓볼 경기는 주최 측의 규정을 따른다.

〔규칙 5–1〕 수정안

(1) I, R, F가 언급하는 서브 규칙에 의하면 사람이나 신체 또는 휠체어 급에서 인정하는 다른 유사한 변형물 중에는 사람이 앉는 것을 포함한 휠체어의 모든 부분을 인정한다.

(2) 경기 규칙 중 발에 관해서, 서 있거나 그와 유사한 표현에 대해, 단지 휠체어의 바퀴가 바닥의 어느 부분에 닿는 가로 제한한다.

(3) 경기 중 신체 접촉에 관한 부분은 선수의 몸과 함께 휠체어 부분의 접촉을 뜻한다.

(4) 더블바운드 또는 첫 번째 바운드 다음의 경우는 3번의 바운드를 의미한다. 다른

경우들은 그에 맞추어 제고될 수 있다.

〔규칙 5-2〕 선수 구분

(1) 초급: 배운지 얼마 안 된 막 시작하는 선수

(2) 중급: 전에 경기에 참여해 본 적이 있고 다른 급과 구별되는 실력이 있는 선수

(3) 오픈급: 수준 높은 경기 실력이 있는 상급 선수

(4) 멀티 바운드급: 휠체어 라켓볼의 경우처럼 멀티 바운드가 아니면 어려운 운동력을 가진 선수들로 남녀 구분이 없다.

(5) 주니어급: 19세 아래의 선수, 경기 감독은 경기 진행방식을 투 바운드 또는 멀티 바운드로 정한다. 나이 구분은 8-11, 12-15, 16-18로 나뉜다.

〔규칙 5-3〕 휠체어 경기의 규칙

(1) 투 바운드 규칙

멀티 바운드 급을 제외한 모든 휠체어 라켓볼에서는 모든 개인에게 투 바운드가 허용된다. 공은 리턴되기 전 바닥에 두 번 바운드된다.

(2) 아웃 어브 체어 규칙

선수는 공을 치기 위해 고의적으로 의자에서 점프하거나 공을 서브하기 위해 자리에서 일어설 수 없다. 만약 심판이 선수가 고의적으로 자리를 벗어났다고 판정할 경우 경기에서 지게 된다. 그러나 선수가 고의적이 아닐 경우, 패널티는 주어지지 않는다. 계속해서 불공정한 행동을 하면 심판은 그에 대해 경고한다.

(3) 장비 기준

경기장 표면을 보호하기 위하여 검은 타이어, 또는 코트를 상하게 하거나 표시를 내

는 다른 일체의 장비를 금한다.

⑷ 경기 시작

서비스 존 내 아무 데서나 서브를 시작할 수 있다. 비록 서비스 존 라인의 위쪽을 넓힌다고 해도 휠체어는 서브한 공이 쇼트 라인을 넘어가기 전에 서비스 라인이나 쇼트 라인을 넘어갈 시간이 없다. 위반 시에는 일반 경기의 경우와 마찬가지의 패널티를 받는다.

⑸ 경기 지연

휠체어 고장이나 장치 고장으로 경기는 미뤄질 수 있다. 이 같은 경우는 선수의 요구로 이루어지는데, 시합 중 반드시 감독에 의해 인정되어야 하며 5분을 초과할 수 없다. 경기마다 선수 1명에게 단지 두 번의 딜레이가 가능하다. 이 두 번의 기회를 다시 사용한 후에 해당 선수는 다음의 선택을 할 수 있다.

① 고장 난 장비로 계속 경기를 하는 경우

② 즉시 장비를 대체하는 경우

③ 심판과 상대 선수의 동의를 얻어 경기를 연기하는 경우

수정된 규칙

라켓볼 경기 규칙은 다음의 경우를 제외하고는 주최 측의 규정에 따른다.

〔규칙 6-1〕 서브

모든 경기에서 서브권은 한 번만 주어진다. 단 몇몇 경기를 제외하고는 폴트 서브는 아웃 서브로 인정한다.

〔규칙 6-2〕 스크린 서브

서브가 스크린 서브로 지적되면 서브한 선수는 정식 서브를 한 번 더 할 수 있는 기회를 갖는다. 만약 스크린 서브를 두 번 연속하는 경우는 사이드 아웃이 된다.

〔규칙 6-3〕 **서브한 볼이 파트너를 맞혔을 경우**

서브한 선수의 볼이 서비스 박스 안에 있는 파트너를 맞혔을 경우 서브한 선수는 또 한 번의 정식 서브를 할 수 있다. 그러나 두 번째 서브도 역시 파트너를 맞혔다면 핸드 아웃이나 사이드 아웃이 선언된다.

〔규칙 6-4〕 **연속적인 폴트 서브**

복식 경기에서 다음의 경우에는 핸드 아웃이나 사이드 아웃이 선언된다.

(1) 첫 번째 서브한 볼이 파트너를 맞추고 두 번째 서브는 스크린 서브가 되었을 경우

(2) 첫 번째 서브한 볼이 스크린 서브되고 두 번째 서브한 볼이 파트너를 맞추는 경우

〔규칙 6-5〕 **어필의 제한**

선수나 팀은 게임당 3번의 어필 기회를 갖는다. 그러나 두 명의 라인즈맨 모두가 엄지손가락을 밑으로 내려 심판의 결정에 반대를 표시할 경우 3번의 어필 기회에 산정되지 않는다. 또한 3번의 어필 기회를 다 사용했다고 해도 제한에 대한 특별한 위반이 되지 않는 한 중요한 경기의 마지막 랠리에서는 어필할 수 있다.

※ 수정 규칙은 2년에 한 번씩 세계 임원 회의에 의해서 변경될 수 있다.

팸플릿으로 보는 라켓볼 역사

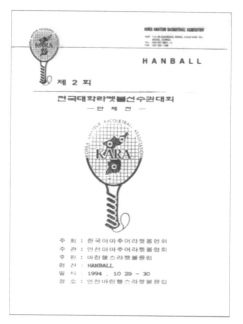

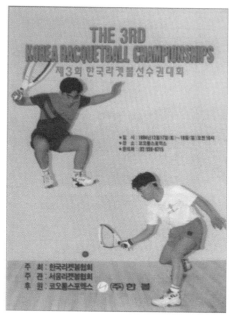

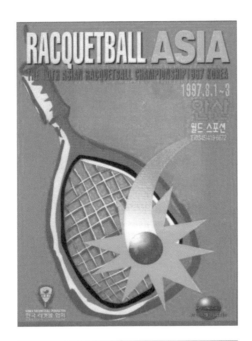

한병구 재활 라켓볼

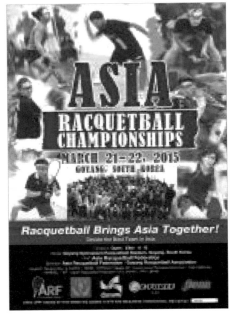

용어 해설

다운 더 라인 킬 샷(Down The Line Kill Shot) 볼이 측면을 따라 평행으로 낮고 강하게 치는 타법

데드 볼(Dead Ball) 경기에 영향을 미치게 하고 경기가 중단되는 상황으로서 볼이 상대의 몸에 닿는 상황을 말한다.

드라이브(Drive) 정면을 향해 강하게 치는 샷

드롭 샷(Drop Shot) 볼의 스피드를 느슨하게 하여 짧게 떨어뜨리는 타법

라인즈맨(Linesmen) 선심

랠리(Rally) 경기 중에 볼을 상대와 주고받는 행위

로 Z 서브(Low Z Serve) 낮고 강하게 타구하여 Z 형태의 각도로 타구하는 서브

로브 샷(Lob Shot) 전면 상단을 이용하여 백 월 쪽에 가까이 떨어트리는 타법

로우 드라이브 서브(Low Drive Serve) 낮고 강한 서브

리시버(Receiver) 서브를 받는 상대 선수

리시빙 라인(Receiving Line) 쇼트 라인과 리시빙 라인으로 둘러싸인 부분을 말하며 서브할 때 리시버로부터 서버를 보호하기 위하여 점선으로 표시된 라인

리플레이(Replay) 점수에 관계없이 다시 재개되는 경기

매치 포인트(Match Point) 게임의 승패가 걸려있는 마지막 점수

미들 코트(Middle Court) 서비스라인에서 리시빙 라인까지의 공간 지역

발리 샷(Volley Shot) 바운드되기 전에 공중에서 볼을 타구하는 것

백 스윙(Back Swing) 볼을 치기 위한 준비 자세로 라켓을 뒤로 빼는 동작

백 월 플레이(Back Wall Play) 볼이 후면을 맞고 바운드 되어 나오는 형태의 샷

백 코트(Back Court) 쇼트 라인에서 백월까지의 공간

백 핸드(Back Hand) 라켓의 후면으로 치는 것

브로킹(Blocking) 상대 선수나 볼을 가로막는 것

사이드 아웃(Side Out) 단식에서 실패한 서브. 복식의 경우 둘 다 실패한 서브.

사이드 월 플레이(Side Wall Play) 측면에서 발생되는 다양한 볼의 형태에 대한 샷

사이드 앵글 서브(Side Angle Serve) 4면을 이용하여 강하게 타구하는 서브

서버(Server) 서브를 하는 선수

서브 아웃(Serve Out) 규칙에 따른 서브를 실패한 경우

서비스 라인(Service Line) 쇼트 라인 전면 1.5m 앞 라인으로 풋 폴트 서브 때 관계되는 라인

서비스 박스(Service Box) 복식 경기에서 서버의 파트너가 위치하는 지역

서비스 존(Service Zone) 서비스라인과 쇼트 라인의 사이로서 서브하는 지역을 말함

세이프티 존(Safety Zone) 쇼트 라인과 리시빙 라인으로 둘러싸인 공간을 말하며 서브할 때 리시버로부터 서버를 보호하기 위한 안전지역

쇼트 라인(Short Line) 프론트 코트와 백코트의 경계선으로 서브 때 관계되는 라인

쇼트 서브(Short Serve) 쇼트 라인을 지나지 못한 서브

스크린 볼(Screen Ball) 리턴 시 상대 선수의 몸에 가려서 시야를 방해 받는 볼

실링 샷(Ceiling Shot) 볼을 천장을 향해서 치는 타법

어보이더블 힌더(Avoidable Hinder) 경기 시 상대에게 주는 고의적인 방해

어필(Appeal) 경기 시 규칙에 어긋나는 상황에 대한 항의

에이스 서브(Ace Serve) 상대가 받지 못하는 서브

오버 헤드 킬 샷(Over Head Kill Shot) 머리 위에서 전면 코너에 내리치는 타법

오버 헤드 샷(Over Head Shot) 높은 볼을 머리 위에서 치는 타법

Z 서브(Z Serve) Z자 모형의 형태를 따라 타구하는 서브

컨트롤(Control) 조절 능력

컷쓰로우트(Cutthroat) 3인 경기로서 한 선수가 두 선수를 상대로 하는 경기

코트(Court) 경기하는 곳(길이 12.2m, 폭 6.1m, 높이 6.1m의 규격으로 만들어진 경기장)

크로스코트 패싱 킬 샷(Crosscourt Passing Kill Shot) 상대 선수를 옆으로 비켜 반대쪽 측면으로 낮고 강하게 치는 타법

크로치 볼(Crotch Ball) 전면과 천장의 접합점 부분을 맞거나 벽면과 바닥의 접합점에 맞는 볼

킬 샷(Kill Shot) 볼을 전면에 낮게 쳐서 상대가 받을 수 없는 타구

타이브레이크(Tiebreaker) 양쪽 팀이 한 게임식 이길 경우 마지막 11점으로 결정 짓는 경기

패들 라켓(Paddle Racket) 나무로 만든 주걱 모양의 라켓

포어 핸드(Fore Hand) 라켓의 전면으로 치는 것

폴로 스로우(Follow Through) 볼을 치고 나서 라켓의 스윙이 계속되는 동작

폴트 서브(Fault Serve) 서브할 때 서브 규칙을 어김

풋 볼트(Foot Fault) 서브할 때 서브하는 사람의 발의 위치가 틀린 것

프런트 월 킬 샷(Front Wall Kill Shot) 전면을 이용한 낮고 강한 타법

프론트 코트(Front Court) 서비스 라인에서 프론트 월까지의 공간 지역

핀치 샷(Pinch Shot) 볼을 전면 코너에 낮게 치는 타법

하이 Z 서브(High Z Serve) 전면 코너를 이용하여 높고 부드럽게 Z 형태의 각도로 타구하는 서브

하이 로브 서브(High Lob Serve) 천장에서 1m 아래를 맞추어 타구하는 서브

하프 로브 서브(Half Lob Serve) 전면 중간선을 맞추어 타구하는 서브

핸드 아웃(Hand Out) 복식경기에서 서브한 팀의 한 선수가 서브 아웃이 된 경우

힌더(Hinder) 경기 중에 상대에게 주는 고의적이지 않은 방해 이때의 경우는 재개
된다.

스코어 카드(Score Card) 점수를 기록하는 용지

스코어 카드